NOUVELLE ÉDITION

BAC PRO ASSP

1re – Tle

À DOMICILE

Ergonomie Soins Animation

W0470953

Techniques professionnelles et technologie associée

Brigitte Lacomme
Professeur en Sciences et Techniques Médico-Sociales,
lycée Georges Leygues, Villeneuve-sur-Lot (47)

Nathalie Vouriot-Gieure
Professeur en Sciences et Techniques Médico-Sociales,
lycée Georges Leygues, Villeneuve-sur-Lot (47)

Irène Macé
Professeur en communication, lycée Antoine Lomet, Agen

DELAGRAVE

Crédits photographiques

Couverture : ph© Fotolia.com
p. 17 : ph© Fotolia.com
p. 32 (g) : ph© laboratoire Adhesia
p. 32 (d) : ph© laboratoire Escarius
p. 41 : ph© Fotolia.com
p. 42 : ph© BURGER/PHANIE
p. 43 (g) : ph© Evgeny Rannev - Fotolia.com
p. 43 (d) : ph© Aleksey Dmetsov - Fotolia.com
p. 44 : ph© Nathalie Vouriot-Gieure
p. 49 (4) : ph© Source Ontex / Lille healthcare
p. 50 (g) : ph© Source Ontex / Lille healthcare
p. 50 (d) : ph© Pharmaouest
p. 58 (2) : ph© www.aksmedical.fr/
p. 59 : ph© Nathalie Vouriot-Gieure
p. 69 (1) : ph© www.tousergo.com
p. 69 (2,3,4,5,6) : ph© www.kinetec.fr
p. 70 : ph© www.ortho33.com
p. 75 : ph© Manceau/BSIP
p. 79 : ph© FURGOLLE/BSIP
p. 90 : ph© Zuchero - Fotolia.com
p. 93 (g) : ph© Pavelis - Fotolia.com
p. 93 (d) : ph© Mylips - Fotolia.com
p. 99 : ph© PHOTOTAKE/Grossman /BSIP
p. 112, 113, 114, 115, 116, 117, 119, 121, 124, 126 : ph© Nathalie Vouriot-Gieure
p. 133 : ph© Nathalie Vouriot-Gieure
p. 138 : ph© Bogdan Wankowicz - Fotolia.com
p. 138 : ph© Pavelis - Fotolia.com
p. 140 : ph© Nathalie Vouriot-Gieure
p. 149 : ph© Fotolia.com
p. 184 : ph© Fotolia.com

Conception, réalisation technique et infographie : STDI
Couverture : Les PAOistes
Illustrations : Olivier Prime

ISBN : 978-2-206-30122-8

Éditions Delagrave – 5, allée de la 2e DB – 75015 Paris
www.editions-delagrave.fr

Avant-propos

Cet ouvrage s'adresse aux élèves de première et terminale du **Baccalauréat Professionnel Accompagnement, Soins et Services à la Personne, option domicile**.

Il permet l'acquisition des compétences et savoirs associés attendus dans les **Techniques professionnelles et technologie associée : « Ergonomie – Soins » et « Animation »** conformément au référentiel et aux recommandations pédagogiques nationales.

Sa présentation sous forme de feuillets détachables laisse la liberté à chaque enseignant de construire sa progression sur les deux années de formation.

Six parties sont traitées :
1/ Ergonomie et santé au travail
2/ Techniques de soins d'hygiène et de confort
3/ Surveillance de l'état de santé de la personne
4/ Animation : activités d'acquisition ou de maintien de l'autonomie et de la vie sociale
5/ Animation de réunion de travail
6/ Préparation à l'examen

Chacune des parties s'appuie sur des situations réalistes issues du secteur médico-social et/ou social, qui permettent à l'élève de construire son savoir et d'acquérir les compétences indispensables à l'obtention du diplôme préparé.

• Les **techniques de soins d'hygiène et de confort** permettent à l'élève d'analyser une situation professionnelle, de s'approprier la technique, de s'auto-évaluer et/ou d'être évalué par un autre élève ou son professeur, de réaliser des activités portant sur les savoirs associés à la technique.

• **La surveillance de l'état de santé** est abordée à partir d'une situation professionnelle, d'une méthode d'intervention et de nombreuses fiches ressources qui facilitent la compréhension et la maîtrise de gestes techniques efficaces et appropriés.

Les fiches de secourisme permettent l'acquisition des notions indispensables à l'obtention du PSC1 ou du SST.

• La partie 4 **Animation** repose sur la préparation et la conduite d'activités pour une personne ou un groupe, aux différents âges de la vie et avec des degrés d'autonomie hétérogènes. Des exemples concrets d'activités d'animation sont proposés pour chacun des thèmes.

• La **conduite de réunion** est étudiée dans la partie 5. Cette dernière propose une progression pour acquérir une méthodologie et s'approprier les outils de communication permettant à l'élève de préparer et d'animer des réunions de travail.

• Les **épreuves professionnelles** du Baccalauréat Professionnel ASSP : **E13** ; **E31** ; **E32** sont détaillées dans la partie préparation à l'examen, une méthodologie et/ou des conseils sont proposés afin de placer l'élève en situation de réussite.

Nous vous souhaitons une agréable utilisation de cet ouvrage et une bonne réussite à l'examen.

Les auteurs

Mode d'emploi

Le titre du chapitre.

Les objectifs du chapitre conformes au référenciel de la formation.

Une situation professionnelle illustrée abordant la technique en structure.

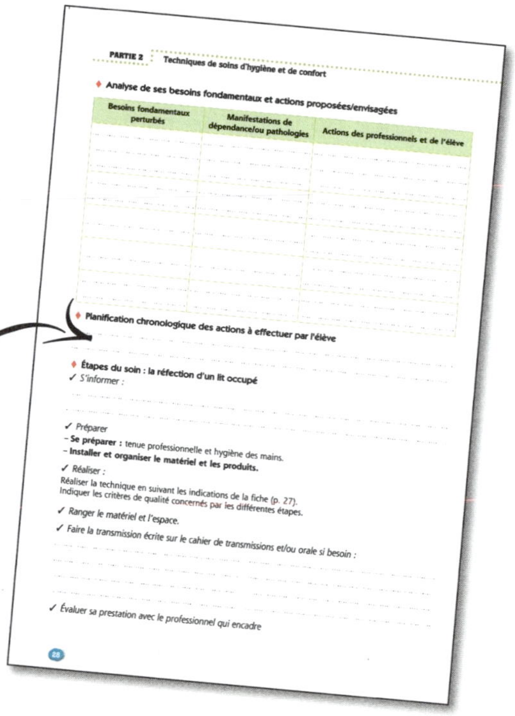

Une analyse de la situation professionnelle marquant les différentes étapes.

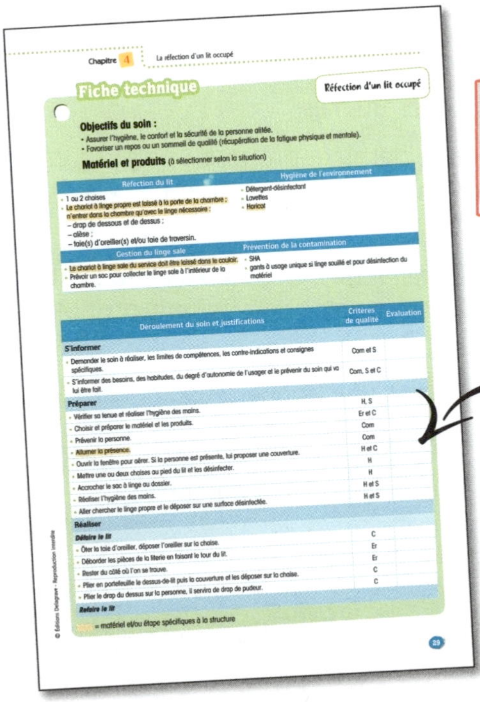

Une fiche technique décrit toutes les étapes à réaliser en respectant les critères d'hygiène, de confort, de sécurité, de communication, d'ergonomie et d'économie.

Une colonne ciblant les critères de qualité pour chaque étape du déroulement du soin.

Une dernière colonne « évaluation » peut être complétée :
– par l'élève lui-même pour une auto-évaluation ;
– par un autre élève en situation d'observateur ;
– par le professeur dans le cadre d'une évaluation formative.

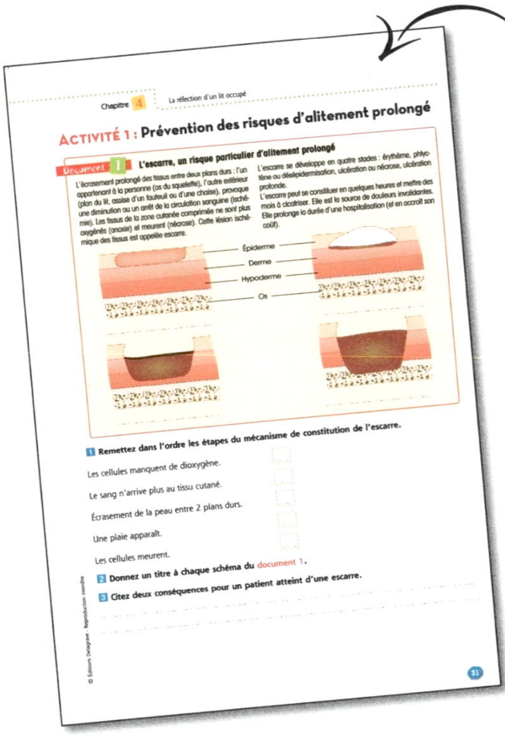

Une ou plusieurs activités abordant les savoirs associés sous forme de documents, de schémas et de questions variées.

L'élève en situation de découverte construit ainsi son savoir.

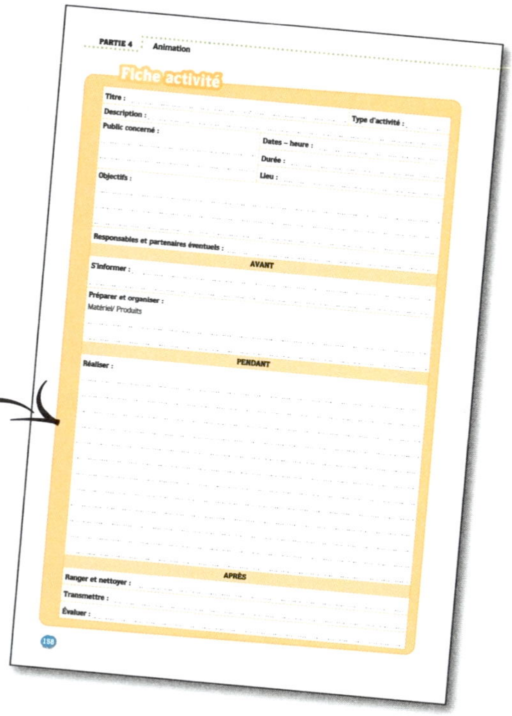

Des fiches d'activité pour la partie animation.

Des fiches ressources donnant les informations nécessaires pour réaliser les activités et permettant l'acquisition des gestes techniques et des comportements adaptés.

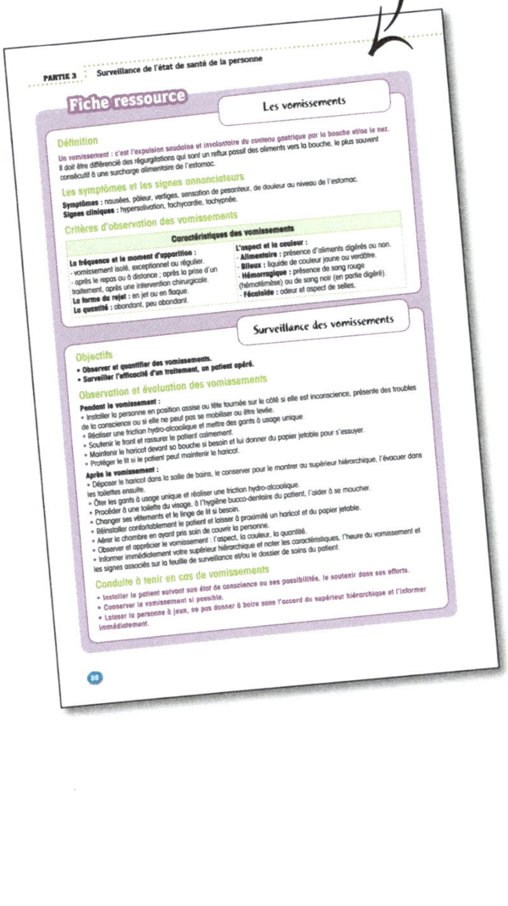

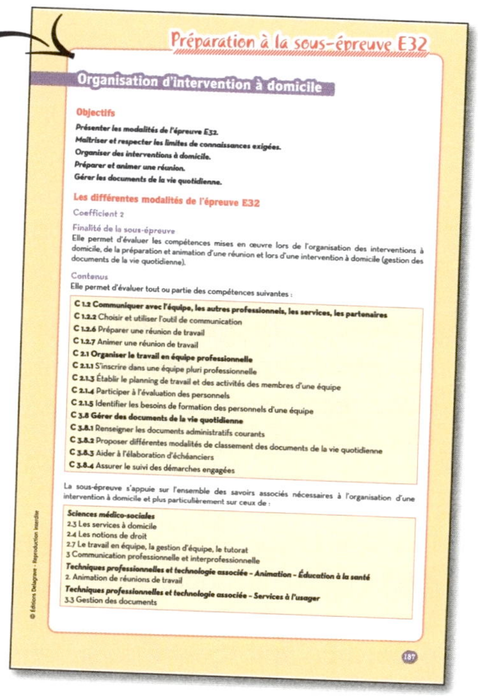

Les modalités de l'examen sont présentées et des conseils sont donnés.

Sommaire

Partie 4 Animation

Partie 5 Animation de réunion de travail

Partie 6 Préparation à l'examen

Chapitre 1

L'analyse d'une situation de travail

OBJECTIFS

- Présenter les différentes étapes de la démarche ergonomique.

À partir d'une situation donnée :

- Décrire une situation de travail.
- Indiquer les facteurs qui influencent cette activité (gestes, postures et déplacements, polyvalence des tâches, charges physique, mentale et psychique, rythmes et horaires de travail…).
- Repérer les risques et dommages potentiels liés aux activités relevées.

Situation professionnelle

M. Plasil a 35 ans, il travaille comme auxiliaire de vie social depuis 3 ans, dans une association de soins et services à domicile. Le lundi est une journée chargée pour M. Plasil car il travaille de 7 h à 19 h 30.

À 9 h, il se rend chez Mme T où il aide l'infirmière pour une toilette complète au lit. Mme T est installée dans un lit non médicalisé dans une chambre étroite avec peu d'espace de circulation. Le matériel de soin est installé derrière M. Plasil sur un tabouret. M. Plasil se baisse en courbant le dos, se tourne pour prendre et reposer son matériel tout au long du soin. Il doit également répondre deux fois au téléphone pour un changement urgent de planning ; il tient alors son téléphone coincé entre son oreille et son cou pour continuer le soin. Comme beaucoup d'auxiliaire de vie M. Plasil ne s'assoit qu'en fin de journée quand il rentre chez lui.

M. Plasil souffre depuis quelques semaines de maux de dos et a les jambes lourdes ; son médecin a diagnostiqué une sciatique.

ACTIVITÉ 1 : La situation de travail

Document 1 L'analyse ergonomique

L'ergonomie est une science qui étudie l'organisation du travail, l'aménagement et l'équipement, de façon à ce que l'opérateur puisse travailler sans nuisance pour sa santé physique et/ou mentale.
L'ergonome va décrire la situation de travail, identifier les éléments dangereux (gestes-postures-environnement), formuler des hypothèses sur les risques liés à la santé de l'opérateur et proposer des améliorations susceptibles d'éviter ou réduire les risques liés à l'activité physique. Une analyse ergonomique va avoir des effets sur le salarié mais aussi sur l'entreprise : accroître la productivité ou la qualité de service, diminuer la fatigue et les dommages physiques, améliorer les conditions de travail, concevoir des outils adaptés, installer un poste de travail confortable et sécurisé, éviter les accidents du travail et les maladies professionnelles, adapter l'environnement lumineux, auditif…

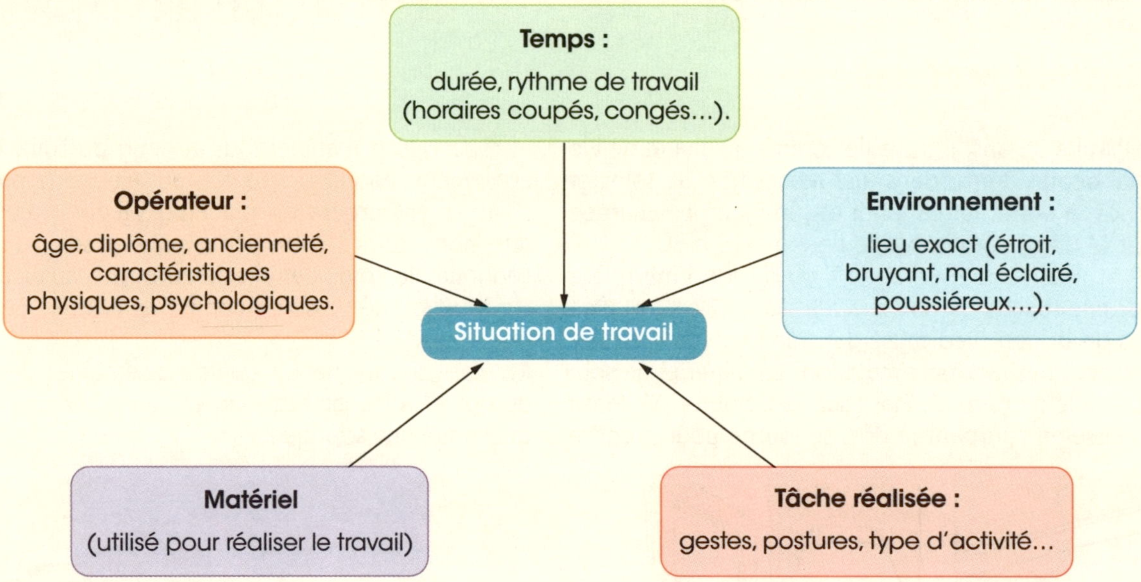

1 **Citez les principales étapes de la démarche ergonomique.**

……………………………………………………………………………………

……………………………………………………………………………………

……………………………………………………………………………………

……………………………………………………………………………………

2 **Décrivez la situation de travail de M. Plasil chez Mme T.**

……………………………………………………………………………………

……………………………………………………………………………………

3 **Identifiez les éléments dangereux pour M. Plasil.**

Gestes	Postures	Environnement
……………………	……………………	……………………
……………………	……………………	……………………
……………………	……………………	……………………
……………………	……………………	……………………

ACTIVITÉ 2 : Les accidents du travail ; les accidents de trajet et les maladies professionnelles

Document 2 Les lois du Code de la Sécurité Sociale

• Art L411-1 et Art L411-2 du Code de la Sécurité Sociale

« Est considéré comme accident du travail, qu'elle qu'en soit la cause, l'accident survenu par le fait ou à l'occasion du travail à toute personne salariée ou travaillant, à quelque titre ou en quelque lieu que ce soit, pour un ou plusieurs employeurs ou chefs d'entreprise. »

« Est également considéré comme accident du travail (…) l'accident survenu à un travailleur (…), pendant le trajet d'aller et de retour, entre : 1°) la résidence principale, une résidence secondaire (…) ou tout autre lieu où le travailleur se rend de façon habituelle (…) ;

2°) le lieu du travail et le restaurant, la cantine ou, d'une manière plus générale, le lieu où le travailleur prend habituellement ses repas (…) »

• Articles L. 461-1 et suivants

« Une maladie est dite professionnelle si elle est la conséquence directe de l'exposition d'un travailleur à un risque physique, chimique, biologique ou résulte des conditions dans lesquelles il exerce son activité professionnelle et si elle figure dans un des tableaux du régime général ou agricole de la Sécurité sociale. »

Document 3 Les accidents du travail en chiffres

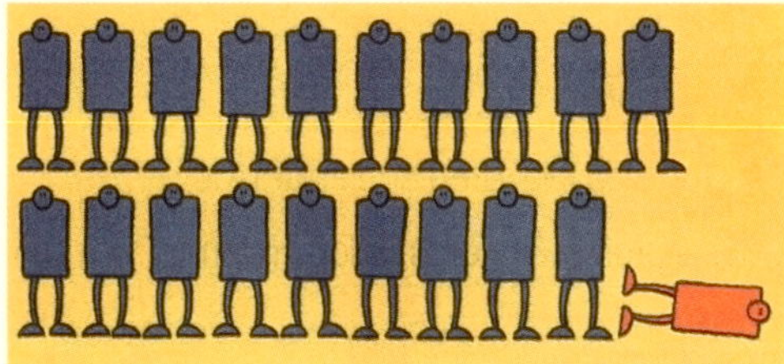

1 salarié sur 20 est accidenté au travail chaque année.

1 accidenté du travail sur 4 a moins de 25 ans

1/3 des accidents du travail sont des accidents de manutention manuelle

INRS, aide-mémoire PRAP

Document 4 Principales maladies professionnelles

Intitulé	2008	2009	2010	2011	2012
Affections péri articulaires	33 682	37 728	39 874	43 359	42 148
Affections provoquées par les poussières d'amiante	4 597	4 298	3 780	3 869	3 500
Affections chroniques du rachis lombaire dues aux charges lourdes	2 338	2 485	2 433	3 042	3 208
Affections provoquées par les bruits	1 076	1 048	925	973	1 017
Lésions chroniques du ménisque	372	387	422	517	533
Lésions eczématiformes de mécanisme allergique	298	277	293	274	295
Affections respiratoires de mécanisme allergique	244	222	217	222	225
Maladies liées à des agents infectieux en milieu d'hospitalisation	98	84	77	89	136
Autres tableaux de maladies professionnelles	850	876	800	767	839
Ensemble des maladies professionnelles	45 410	49 341	50 688	55 057	54 015

INRS

1 Donnez une définition simplifiée de l'accident du travail et de la maladie professionnelle.

Un accident du travail est ....

Une maladie est professionnelle si ....

2 Complétez le tableau en cochant la bonne réponse.

	Accident du travail	Maladie professionnelle	Autre
Brigitte, AVS, s'est fait une entorse des cervicales dans un accident de voiture en se rendant chez un bénéficiaire.			
Valérie, infirmière, se blesse avec une aiguille lors d'un soin.			
Gérard, aide-soignant, souffre d'une sciatique depuis plus de 2 ans.			
Nathalie, ambulancière, souffre d'une tendinite au genou provoquée par des footings réguliers.			
Lila, auxiliaire de puériculture, s'est cassé le poignet en glissant sur le sol mouillé de l'office.			
Marie, ASH, a contracté un eczéma suite à l'utilisation d'un détergent désinfectant à l'hôpital.			

3 Expliquez l'importance de la formation des jeunes salariés à la prévention des risques professionnels.

....

4 Analysez l'évolution de l'ensemble des maladies professionnelles.

....

5 Citez les trois maladies professionnelles les plus fréquentes.

....

....

....

6 Surlignez, dans le tableau du document 4, les maladies pouvant concerner les salariés du secteur sanitaire et social.

7 Nommez la pathologie dont souffre M. Plasil et indiquez si elle peut être considérée comme une maladie professionnelle. Justifiez votre réponse.

....

....

Chapitre 2

La prévention des risques professionnels

OBJECTIFS

- Repérer les risques et dommages potentiels liés aux activités relevées.
- Proposer des solutions pour supprimer ou limiter ces risques.

Situation professionnelle

« Domicile Service » est une entreprise privée de services à domicile. Le personnel est composé de 30 agents à domicile, 28 assistantes de vie, 6 auxiliaires de vie sociale. La gérante est très inquiète, le nombre d'arrêts de travail pour TMS a beaucoup augmenté et la charge de travail est répartie sur les autres collègues car le recrutement de personnel est difficile.
Sylvie, 40 ans, travaille à « Domicile Service » depuis 5 ans en tant qu'assistante de vie. Depuis plusieurs mois, elle se sent très fatiguée, n'a plus envie d'aller travailler et se plaint de douleurs cervicales et dorsales. Elle n'utilise pas d'aide technique lors de la mobilisation des personnes et n'a pas été formée aux gestes et postures pour la manutention des personnes.
Tous les matins à 7 h 30, elle lève M. O (95 kg), l'amène aux toilettes en le soutenant, puis dans la salle à manger où il prend son petit déjeuner bien installé dans son fauteuil.
M. O attend l'infirmière qui vient faire sa toilette à 8 h. Pendant ce temps, Sylvie réalise l'entretien du cadre de vie. Aujourd'hui, après avoir fait le lit non médicalisé, elle nettoie les vitres de la salle à manger. Un petit seau contenant de l'eau bien chaude et du produit à vitre est posé derrière elle, sur le sol. Sylvie fait de nombreuses flexions et rotations du buste, elle se met en extension sur la pointe des pieds pour faire le haut des vitres.

ACTIVITÉ 1 : Les risques liés à l'activité de travail

Document 1 Classification des risques professionnels selon l'INRS

On regroupe les risques professionnels dans plusieurs familles de risques.
1 - **Psychosociaux** : stress au travail, harcelement, violence…
2 - **Biologiques** : transmission d'agents biologiques comme VHB, VIH, bacille de la tuberculose…
3 - **Chimiques** : exposition aux produits chimiques.
4 - **Liés aux phénomènes physiques** : exposition aux rayonnements, au bruit ; à l'electricité ; à la chaleur, au froid…
5 - **Liés à l'activité physique** : port de charge, gestes répétés, manutention des personnes…
6 - **Liés aux déplacements** : glissade, chutes, travail en hauteur, accident de la route…
7 - **Liés aux équipements de travail** : utilisation de machines, outils…
8 - **Liés aux incendies, explosion** : exposition à des matériels ou produits explosifs ou combustibles.

1 Indiquez pour chaque situation de travail le danger et la nature du risque professionnel.

	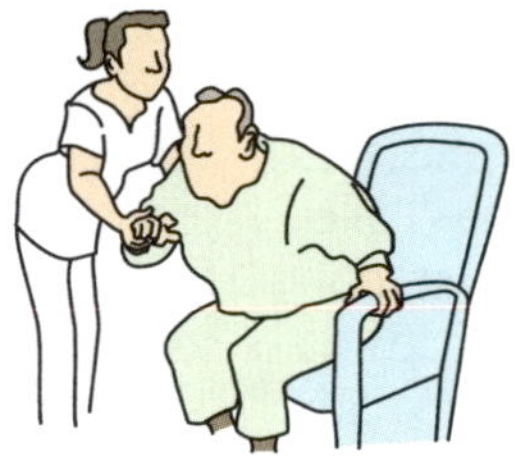	
Danger : .... Risque : .... Famille de risque :	Danger : .... Risque : .... Famille de risque :	Danger : .... Risque : .... Famille de risque : ....

2 Listez les risques auxquels vous êtes exposé lors de votre activité professionnelle et surlignez (dans votre réponse) le plus important.

....

Document 2 Les postures contraignantes

Une posture est la position du corps ou d'une partie du corps pendant une activité. Elle est neutre si elle ne dépasse pas l'amplitude articulaire ; elle est dite « contraignante » lorsque le corps est courbé ou tourné excessivement au-delà de l'amplitude confortable. Les muscles, les ligaments et les tendons sont davantage sollicités pour soutenir la partie du corps qui force lorsqu'elle est dans une posture contraignante. Le danger dépend de la durée de la posture et de sa fréquence.

Exemple de postures contraignantes :

3 Soulignez la définition d'une posture contraignante, dans le document 2.

4 **Donnez des exemples de situations à risque ou de postures contraignantes, liées à l'activité physique de Sylvie au cours de sa matinée de travail, présentée dans la situation professionnelle.**

Situation de travail de Sylvie	Dangers

Document 3 Les TMS et les lombalgies

Les lombalgies et les troubles musculo-squelettiques sont la première cause d'arrêt de travail en EHPAD. Les TMS sont des pathologies touchant en général les tissus mous (nerfs, tendons, ligaments et cartilages) à la périphérie des articulations. La colonne vertébrale, les genoux et les membres supérieurs sont les parties du corps les plus exposées. Ces troubles résultent de gestes répétés, d'efforts excessifs ou de postures pénibles. Le stress et l'organisation de travail contribuent également à leur apparition. Les TMS se manifestent par des douleurs au niveau des articulations. Les lombalgies ou « mal de dos » touchent les disques intervertébraux de la région lombaire et peuvent être le résultat de pathologies plus moins graves comme le lumbago, la sciatique et la hernie discale. Le facteur essentiel de leur appartition est le non respect des principes de sécurité ainsi que le port de charges ou les torsions du tronc de façon répétées.

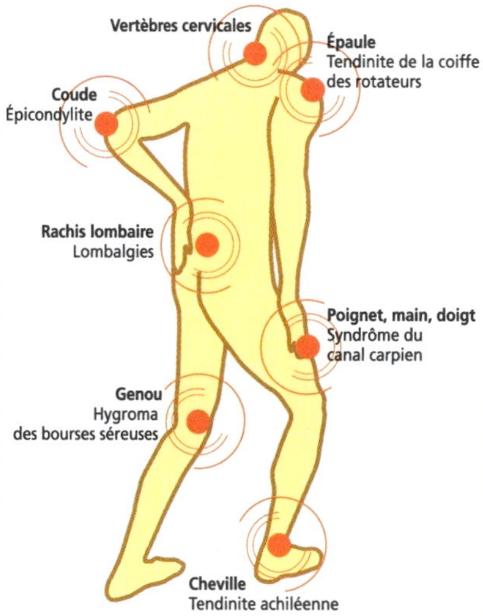

1 **Définissez TMS et lombalgie.**

....

2 **Indiquez les risques responsables de l'apparition de ces atteintes à la santé.**

....

3 **Expliquez pourquoi les TMS constituent un réel problème :**

– Pour le salarié : ....

– Pour l'entreprise : ....

– Pour la société : ....

ACTIVITÉ 2 : La prévention des risques professionnels

Document 4 Prévention générale

La prévention est l'ensemble des moyens mis en œuvre pour supprimer ou limiter les risques. Les mesures de prévention générale se classent en 3 niveaux :

Niveau 1 - Prévention intrinsèque : il s'agit de supprimer ou de limiter le risque d'atteinte à la santé.

Niveau 2 - Protection collective et/ou individuelle : il s'agit de mettre en place des dispositifs qui vont s'appliquer à un ensemble de personnes ou bien protéger un salarié.

Niveau 3 - Instruction ou formation : il s'agit d'informer son personnel avec des fiches de postes, protocoles, pictogrammes et de les former.

Document 5 La PRAP

La formation à la prévention des risques liés à l'activité physique (PRAP) permet au salarié d'être acteur de sa propre prévention mais aussi de devenir acteur de la prévention de son entreprise. Elle est ouverte à tout salarié concerné par la prévention des risques liés à l'activité physique. Deux filières de formation spécifiques sont proposées en fonction du secteur d'activité :
- salariés des secteurs industrie, bâtiment et commerce (filière PRAP IBC) ;
- salariés du secteur sanitaire et social (filière PRAP 2S).

Cette formation a pour objectif de permettre au salarié de participer à l'amélioration de ses conditions de travail de manière à réduire les risques d'accidents du travail ou de maladies professionnelles. Elle implique de par sa nature un engagement de l'encadrement ou de l'employeur dans cette démarche de prévention, car elle peut conduire à des modifications organisationnelles, techniques ou humaines dans l'entreprise.

INRS

1 **Indiquez, pour votre secteur professionnel, des mesures de prévention pour lutter contre les TMS.**

		Mesures de prévention contre le risque lié à l'activité physique
Niveau 1 : Prévention intrinsèque		– Ne mobiliser les personnes qu'en cas de besoin. ……………………
Niveau 2	Protection collective	– Aménager les locaux et les postes de travail. – Adapter ses outils de travail. …………………… …………………… …………………… ……………………
	Protection individuelle	– Faire de l'exercice, de la relaxation. – Utiliser des chaussures de sécurité. …………………… ……………………
Niveau 3 : Information, formation		– Informer sur les risques professionnels. …………………… ……………………

2 **Expliquez ce qu'est la PRAP.**

……………………………………………………………………

……………………………………………………………………

ACTIVITÉ 3 : La prévention au quotidien

Complétez le tableau suivant en donnant 4 exemples de bonnes pratiques lors de vos interventions à domicile.

<table>
<tr><th>Activités de travail</th><th>Dommages</th><th>Bonnes pratiques</th></tr>
<tr><td>J'utilise mon véhicule lors de mes déplacements.
</td><td>Mal au dos.
Fatigue.
Stress.</td><td>Mes déplacements sont planifiés avec suffisamment de temps entre chaque bénéficiaire.</td></tr>
<tr><td>J'aide à la prise des repas.
</td><td rowspan="4">TMS.
Douleurs lombaires.
Fatigue physique.
Stress.
Fatigue mentale.</td><td>J'organise la pièce pour faciliter l'accès à la table.</td></tr>
<tr><td>J'aide à la mobilité.
</td><td>J'aménage un espace suffisant pour le transfert de la personne.</td></tr>
<tr><td>J'aide à la toilette.
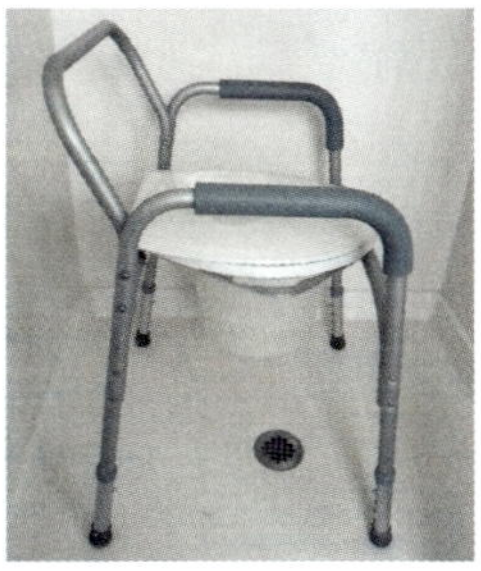</td><td>Je facilite l'accès aux produits de toilette.</td></tr>
<tr><td>J'aide à l'habillage et au chaussage.
</td><td>Je prépare tout le matériel pour éviter des déplacements inutiles.</td></tr>
</table>

<table>
<tr>
<td>J'aide aux sorties et aux courses.
</td>
<td>TMS.
Douleurs lombaires.
Fatigue physique.
Stress.
Fatigue mentale.</td>
<td>Je ne porte pas de sac pour avoir les mains libres.</td>
</tr>
<tr>
<td>Je fais l'entretien du linge.
</td>
<td rowspan="3">Fatigue physique et mentale.
Douleurs lombaires.
TMS.
Irritations.
Toux.
Crevasses.
Rougeurs.
Brûlures.</td>
<td>J'utilise un sac fermé pour transporter le linge souillé.</td>
</tr>
<tr>
<td>J'entretiens les sanitaires.
</td>
<td>Je lis le mode d'emploi des produits que j'utilise.</td>
</tr>
<tr>
<td>J'entretiens le cadre de vie.
</td>
<td>J'alterne les tâches différentes pour éviter les mouvements répétitifs.</td>
</tr>
</table>

Chapitre 3

Le projet d'accompagnement

OBJECTIFS

C 3.2 S 2.2.1

- Différencier les projets du secteur médico-social et social.
- Définir le projet d'accompagnement.
- Énumérer et justifier les différentes étapes du projet d'accompagnement.

Situation professionnelle

À la MARPA « Les Acacias », le 12 avril, vous présentez l'épreuve E13 du bac ASSP à votre tutrice, auxiliaire de vie sociale et à la directrice. Vous leur demandez des conseils sur le choix d'un résident afin d'élaborer et mettre en œuvre un projet d'accompagnement. La directrice vous explique les obligations en matière de projets dans le secteur médico-social et social.
Elle vous propose de mettre en œuvre votre projet auprès de Mme Olivia, elle vous donne des informations sur cette résidente et vous précise que son état psychique a évolué depuis son entrée à la MARPA.

Pour cette première semaine, votre tutrice, vous demande, lors des soins, selon vos compétences de :
– repérer les habitudes de vie, les attentes de Mme Olivia ;
– identifier et évaluer ses besoins et ses capacités ;
– de convenir d'une date et heure pour réaliser le recueil de données auprès de Mme Olivia.
Vous aidez Mme Olivia pour les actes de la vie quotidienne (toilette, habillage...), vous procédez alors à des entretiens informels afin de compléter votre recueil de données. Vous questionnez les membres de l'équipe.

1 **Analysez la situation professionnelle.**

Analyse de la situation	
Qui fait quoi ?	**La directrice :** .... **L'AVS :** .... **L'élève Bac pro ASSP :** ....
À qui ?	....
Où ?	....
Quand ?	....
Pourquoi ?	**Pour l'élève :** .... **Pour Mme V :** ....

2 **Réalisez les activités 1 et 2.**

ACTIVITÉ 1 : Les différents projets du secteur médico-social et social

Document 1 Le projet d'établissement

L'article L.311-8 du Code de l'action sociale et des familles dispose que « pour chaque établissement ou service social ou médico-social, il est élaboré un projet d'établissement ou de service, qui définit ses objectifs, notamment en matière de coordination, de coopération et d'évaluation des activités et de la qualité des prestations, ainsi que ses modalités d'organisation et de fonctionnement. Ce projet est établi pour une durée maximale de cinq ans après consultation du conseil de la vie sociale ou, le cas échéant, après mise en œuvre d'une autre forme de participation ».

Généralisé par la loi n° 2002-2 du 2 janvier 2002 qui rénove le Code de l'action sociale et des familles, le projet d'établissement ou de service est un outil de travail pour les équipes et un outil de référence pour les usagers, la mise en œuvre des projets personnalisés s'appuie sur ce dernier.

1 **Définissez le projet d'établissement.**

....

....

2 **Donnez l'intérêt du projet d'établissement.**

....

....

Document 2 La loi N° 2002-2 du 2 janvier 2002 rénovant l'action sociale et médico-sociale

Extraits de la loi :

« **Art. L. 116-1**. - L'action sociale et médico-sociale tend à promouvoir [...] l'autonomie et la protection des personnes, la cohésion sociale, l'exercice de la citoyenneté, à prévenir les exclusions et à en corriger les effets. Elle repose sur une évaluation continue des besoins et des attentes des membres de tous les groupes sociaux, en particulier des personnes handicapées ; des personnes âgées, des personnes et des familles vulnérables, en situation de précarité ou de pauvreté... Elle est mise en œuvre par l'État, les collectivités territoriales et leurs établissements publics, les organismes de sécurité sociale, les associations ainsi que par les institutions sociales et médico-sociales... »

« **Art. L. 311-3**. - L'exercice des droits et libertés individuels est garanti à toute personne prise en charge par des établissements et services sociaux et médico-sociaux. [...] lui sont assurés :
Le respect de sa dignité, de son intégrité, de sa vie privée, de son intimité et de sa sécurité... Une prise en charge et un accompagnement individualisé de qualité favorisant son développement, son autonomie et son insertion, adaptés à son âge et à ses besoins, respectant son consentement éclairé... À défaut, le consentement de son représentant légal doit être recherché ; la confidentialité des informations la concernant ; la participation directe ou avec l'aide de son représentant légal à la conception et à la mise en œuvre du projet d'accueil et d'accompagnement. »

3 Indiquez les objectifs de la loi N° 2002-2 du 2 janvier 2002 rénovant l'action sociale et médico-sociale.

....

....

4 Surlignez les mesures que doivent mettre en œuvre les établissements pour garantir l'exercice des droits et libertés individuels à toute personne accueillie.

5 Présentez quelle mesure permet d'adapter la prise en charge de chaque personne.

....

....

....

Document 3 Projet individuel, projet personnalisé, projet d'accompagnement

Le cadre réglementaire

Le Code de l'action sociale et des familles modifié par la loi du 2 janvier 2002 et le décret n° 2004-1274 du 26 novembre 2004 – Article 2 définit les modalités et les obligations de prise en charge pour toute personne accueillie en établissement social ou médico-social :

Obligations juridiques	Objectifs
- Prise en charge et accompagnement individualisé. - Projet d'accueil et d'accompagnement.	L'établissement d'accueil doit garantir et mettre en œuvre des prestations et des services personnalisés et adaptés en y impliquant l'usager ou son représentant légal.
- Contrat de séjour ou document individuel de prise en charge.	Il définit avec l'usager ou son représentant légal les objectifs et la nature de la prise en charge, et les détails des prestations offertes ainsi que leur coût prévisionnel.
- Avenant au contrat de séjour (appelé couramment projet personnalisé).	Il est établi avec la personne et/ou son représentant légal dans un délai maximum de six mois. Il précise les objectifs et les prestations adaptées à la personne en fonction de ses besoins et attentes. Chaque année, la définition des objectifs et des prestations est réactualisée.

C'est cet avenant au contrat de séjour ou au document individuel de prise en charge qui constitue le projet d'accueil et d'accompagnement.

Document 4 La réalité du terrain

Selon les missions de l'établissement ou des services, le projet qui concerne la personne a différentes appellations : projet éducatif, projet d'insertion, projet personnalisé d'accompagnement, projet individualisé de prise en charge et d'accompagnement… projet individuel, projet individualisé.
Le terme de « projet personnalisé » a été retenu dans les recommandations de l'ANESM pour qualifier la démarche de co-construction du projet entre la personne accueillie/accompagnée (et son représentant légal) et les équipes professionnelles :
- il englobe la question de l'individualisation ;
- il peut s'appuyer sur des activités et prestations individuelles et/ou collectives ; permet d'inclure différents volets plus spécifiques dont il organise l'articulation (volet éducatif, pédagogique, de soins…) ;
- il est déjà largement utilisé sur le terrain et convient à l'ensemble du secteur social et médico-social ;
- il est celui qui figure dans le cahier des charges de l'évaluation externe*.

Quelle que soit son appellation, ce projet concerne tous les établissements et services sociaux et médico-sociaux pour enfants et adultes en situation de handicap ou d'exclusion sociale, les établissements accueillant des personnes âgées en perte d'autonomie, les enfants accueillis en milieu scolaire dans le cadre de projets personnalisés de scolarisation (PPS).

** Décret n° 2007-975 du 15 mai 2007 qui fixe le cahier des charges pour l'évaluation des activités et de la qualité des prestations des établissements et services sociaux et médico-sociaux.*

6 **Indiquez si un établissement social ou médico-social a obligation de mettre en œuvre un projet pour toute personne accueillie. Justifiez votre réponse à l'aide du document 3.**

....

....

....

....

7 **Citez le terme retenu par l'ANESM pour nommer le projet des personnes accueillies.**

....

8 **Présentez une définition simple du projet personnalisé à l'aide du cadre réglementaire et des recommandations de l'ANESM.**

....

....

....

9 **Listez les différentes dénominations des projets de prise en charge dans le domaine social et médico-social.**

....

....

10 **Indiquez les catégories de personnes concernées par le projet personnalisé.**

....

....

....

....

Document 5 Le projet de vie

La loi n° 2005-102 pour l'égalité des droits et des chances, la participation et la citoyenneté des personnes handicapées introduit la notion de projet de vie et de choix de vie.
« L'équipe pluridisciplinaire évalue les besoins de compensation de la personne handicapée en tenant compte des souhaits de la personne handicapée, formalisés dans son projet de vie. La MDPH apporte son aide, sur leur demande, à la personne handicapée, ou à son représentant légal, pour la confection de ce projet de vie. » *Article R. 146-28*
« Le plan personnalisé de compensation est élaboré par l'équipe pluridisciplinaire au terme d'un dialogue avec la personne handicapée relatif à son projet de vie. » *Article R. 146-29*
La notion de projet de vie dans la loi de février 2005 est un moyen pour donner une place d'acteur à la personne en situation de handicap. Ce projet peut concerner un ou plusieurs domaines : la vie personnelle (vie privée et familiale), le lieu de vie (domicile, institution), le parcours médical (participation à la définition de sa prise en charge), la vie professionnelle (orientation scolaire, formation, choix d'une profession, emploi), la vie sociale, les loisirs, le sport, la culture.
Il définit les objectifs à court, moyen et long terme de la personne, il constitue une base d'appréciation des compensations à mettre en œuvre, mais un projet de vie n'est jamais figé, il doit sans cesse s'adapter, se réajuster en fonction des capacités des personnes, de leurs compétences, mais également de leurs désirs qui peuvent évoluer. Selon les besoins et les limitations de la personne handicapée, le projet de vie peut s'associer à un projet thérapeutique (soins infirmiers, de rééducation, de réadaptation), un projet professionnel, éducatif, au projet de compensation, à un projet personnalisé de scolarisation, à un projet institutionnel (établissement médico-social ou autre).

11 Définissez le projet de vie.

....

....

....

12 Présentez les acteurs impliqués dans la réalisation du projet de vie.

....

....

13 Indiquez les domaines pouvant être concernés par le projet de vie.

....

....

....

....

Activité 2 : Le projet d'accompagnement

Document 6 Le projet de l'épreuve E13

Dans le respect de la limite de ses compétences et en accord avec son supérieur hiérarchique, l'élève de baccalauréat professionnel ASSP doit rédiger un projet d'accompagnement dans le cadre de l'épreuve E13 conformément au référentiel du diplôme. Ce projet d'accompagnement s'apparente au projet personnalisé existant dans le secteur social et médico-social. Afin de formaliser par écrit son projet, l'élève doit analyser les besoins perturbés d'un usager, proposer et mettre en œuvre une ou des activités de la vie quotidienne et/ou des activités de maintien de la vie relationnelle et sociale.

1 Surlignez les obligations d'un élève de baccalauréat professionnel ASSP pour la rédaction de son projet d'accompagnement.

Document 7 La première étape : le recueil de données

C'est une étape clé du projet d'accompagnement. Elle permet une description qui énonce clairement et précisément les caractéristiques essentielles de la personne sur un plan physique, psychologique, social, professionnel, culturel et familial, religieux et ses habitudes de vie.

- L'élève en concertation avec son supérieur hiérarchique et/ou tuteur fait le choix d'un usager pour mettre en œuvre son projet d'accompagnement.
- L'usager doit être informé et dans la mesure de ses possibilités il doit donner son consentement et être associé à son projet.
- L'élève observe l'usager, évalue son autonomie, questionne l'équipe paramédicale et médicale, effectue des recherches dans le dossier de soins et le dossier médical avec l'accord de l'équipe et peut programmer en accord avec le patient et son supérieur un jour et une heure pour le recueil de données.

Ce recueil a pour finalité la mise en place d'actions et d'aides dans le cadre du projet d'accompagnement permettant de répondre ainsi aux besoins fondamentaux non satisfaits de l'usager et/ou à ses attentes dans la mesure de ses possibilités.

2 Citez les éléments devant être présents dans un recueil de données.

....

....

....

....

3 Listez les personnes devant donner leur accord pour la réalisation du recueil de données.

....

4 Énoncez les intérêts du recueil de données.

....

....

Document 8 Extrait du recueil de données de Mme Olivia

Mme Olivia, 75 ans, est une ancienne commerçante qui a toujours été très active. C'est une dame très coquette, qui se maquille légèrement et change de vêtements chaque jour. Elle est d'une nature gaie et bavarde, elle aime beaucoup la compagnie et regrette de ne pas avoir d'enfant.
Ses cheveux grisonnants sont coupés courts, elle a une peau rosée et porte des lunettes pour lire.
Elle a choisi d'intégrer la MARPA, il y a deux ans suite à une chute à son domicile, elle ne souhaitait plus vivre seule mais elle apprécie le fait de vivre dans un petit studio où elle se sent chez elle et a son intimité.
Elle souffre de gonarthrose et d'ostéoporose, utilise un déambulateur et a une mobilité très réduite. Elle se plaint fréquemment de douleurs importantes aux genoux.
Elle nécessite une aide au lavabo pour la toilette (du dos et bas du corps) et l'habillage des membres inférieurs, ne participe plus aux animations. Elle limite ses déplacements car elle craint de ne pouvoir se rendre aux toilettes à temps. Cet isolement lui pèse de plus en plus, son moral est en baisse.
Elle souhaiterait prendre une douche tous les jours et participer au loto tous les quinze jours, le lundi après-midi à la MARPA.

5 Complétez le bilan d'autonomie de Mme Olivia à l'aide du recueil de données.

Bilan d'autonomie de Mme Olivia.

	Autonome	Aide partielle	Aide totale
FAIRE SA TOILETTE		– visage ❏ – dos ❏ – haut du corps ❏ – bas du corps ❏ – pieds ❏	– toilette complète au lit ❏ – toilette complète au lavabo ❏ – toilette complète à la douche ❏
ÉLIMINER		– mettre bassin ou urinal ❏ – accompagner aux toilettes ❏	– incontinence vésicale ❏ – incontinence anale ❏
S'HABILLER ET SE DÉSHABILLER		– pour les vêtements du haut ❏ – pour les vêtements du bas ❏ – pour les chaussures ❏ – pour le boutonnage ❏	– habillage ❏ – déshabillage ❏
S'ALIMENTER		– pour couper, ouvrir emballages, dévisser ❏ – prothèse dentaire ❏	– pour se nourrir ❏ – repas pris au lit ❏ – au fauteuil ❏ – en salle commune ❏
SE DÉPLACER		– pour transfert lit – fauteuil ❏ – pour le lever et le coucher ❏ – pour marcher ❏ – canne ❏ ; déambulateur ❏ – fauteuil roulant ❏	pour les mobilisations : – dans le lit ❏ – lit-fauteuil ❏
COMMUNIQUER		– lunettes ❏ ; prothèse auditive ❏ – troubles de l'audition ❏ – troubles de la vision ❏	– surdité ❏ ; cécité ❏ ; – désorientation temporelle et spatiale ❏ – propos incohérents ❏

Pour compléter ce tableau, cocher les cases à l'aide d'une croix

Document 9 **Extrait de la situation médicale de Mme Olivia**

- Les antécédents médicaux et chirurgicaux : appendicectomie, opérée de la cataracte.
- Les pathologies actuelles ayant un retentissement dans sa vie quotidienne et sociale : Gonarthrose et ostéoporose.

Définition de la gonarthrose	....
Conséquences	• **pour la personne :** – Perte d'autonomie : .... – Périmètre de marche réduit car a des douleurs importantes. .... • **pour la vie sociale :** Isolement car limite ses déplacements. ....

6 Renseignez la situation médicale de Mme Olivia, document 9, à partir des informations présentes dans le recueil de données et de votre cours de biologie.

7 **Surlignez dans le document 9, les informations médicales utiles pour les propositions d'actions pour le projet d'accompagnement de Mme Olivia.**

8 **Présentez dans le tableau suivant, les besoins perturbés de Mme Olivia et les manifestations de dépendance et/ou les pathologies.**

<table>
<tr><th>Besoins fondamentaux perturbés</th><th>Manifestations de dépendance</th><th>Pathologies</th></tr>
<tr><td>..............................</td><td>..............................</td><td rowspan="5">..............
..............</td></tr>
<tr><td>..............................</td><td>..............................</td></tr>
<tr><td>..............................</td><td>..............................</td></tr>
<tr><td>..............................</td><td rowspan="2">..............................</td></tr>
<tr><td>..............................</td></tr>
</table>

Document 10 Extrait des actions mises en place dans le projet d'accompagnement de Mme Olivia.

<table>
<tr><th colspan="4">Accompagnement dans les actes de la vie quotidienne</th></tr>
<tr><th>Besoins perturbés</th><th>Actions proposées</th><th>Description de l'action</th><th>Évaluation et réajustement</th></tr>
<tr><td rowspan="3">Se mouvoir et se maintenir en bonne posture</td><td>Aide à la douche tous les jours</td><td>..............................
....
....
....
....
....
....
..............................</td><td>Mme Olivia est très satisfaite.
A gagné en autonomie et reste debout le temps de la douche…</td></tr>
<tr><th colspan="3">Accompagnement dans les activités de maintien de la vie relationnelle et sociale</th></tr>
<tr><td>Se rendre au loto le lundi 18 avril dans l'après-midi</td><td>..............................
....
....
....
....
....
....
..............................</td><td>Mme Olivia a participé au loto mais très angoissée à l'idée de devoir se rendre aux toilettes.
N'a pas pu profiter pleinement de cette activité.
Accepte de s'y rendre dans deux semaines.</td></tr>
</table>

9 **Décrivez dans le document 10, les actions proposées dans le projet d'accompagnement de Mme Olivia**

Chapitre 4

La réfection d'un lit occupé

OBJECTIF C 3.3.5 S 3.2.6 S 3.2.3 S 3.2.9

- Aider à la réfection d'un lit occupé.

Situation professionnelle

À l'ASSAD Lamennais à Agen durant le mois de mars, comme tous les matins vers 8 h 30, vous commencez, avec votre tutrice AVS, vos interventions à domicile. Ce jour, le 14 mars, vous arrivez chez M. Bravie, 84 ans, qui se déplace à l'aide d'un déambulateur et a besoin d'aide uniquement pour sa toilette au lavabo. Il présente ce matin une hyperthermie et se sent trop faible pour se lever et réaliser le moindre geste. Il se plaint de maux de tête et de courbatures et demande à votre tutrice d'appeler le médecin. Elle réalise ensuite une toilette partielle et change les vêtements de M. Bravie pendant que vous réalisez l'entretien de la cuisine. En attendant la visite du médecin prévue à 9 h 15, elle vous demande de l'aider à faire une réfection complète du lit et vous précise que M. Bravie ne doit pas être levé avant l'accord du médecin.

Habituellement, pendant la réfection de lit, M. Bravie prend plaisir à commenter les actualités du jour. Il souhaite que la fenêtre soit ouverte et les rideaux tirés car il aime que sa chambre soit très éclairée.

Analyse de la situation professionnelle

♦ Contexte professionnel (où ? quand ?)

....

....

♦ Présentation de l'usager (à qui ?)

– Identité, âge, pathologie(s) : ....

– Degré d'autonomie : ....

....

– Habitudes de vie : ....

....

♦ Analyse de ses besoins fondamentaux et actions proposées/envisagées

Besoins fondamentaux perturbés	Manifestations de dépendance/ou pathologies	Actions des professionnels et de l'élève

♦ Planification chronologique des actions à effectuer par l'élève

♦ Étapes du soin : la réfection d'un lit occupé

✓ *S'informer :*

✓ *Préparer*

– **Se préparer :** tenue professionnelle et hygiène des mains.

– **Installer et organiser le matériel et les produits.**

✓ *Réaliser :*

Réaliser la technique en suivant les indications de la fiche (p. 29).
Indiquer les critères de qualité concernés par les différentes étapes.

✓ *Ranger le matériel et l'espace.*

✓ *Faire la transmission écrite sur le cahier de transmissions et/ou orale si besoin :*

✓ *Évaluer sa prestation avec le professionnel qui encadre*

Fiche technique

Réfection d'un lit occupé

Objectifs du soin :

- Assurer l'hygiène, le confort et la sécurité de la personne alitée.
- Favoriser un repos ou un sommeil de qualité (récupération de la fatigue physique et mentale).

Matériel et produits (à sélectionner selon la situation)

Réfection du lit	Hygiène de l'environnement
• 1 ou 2 chaises • Le chariot à linge propre est laissé à la porte de la chambre ; n'entrer dans la chambre qu'avec le linge nécessaire : – drap de dessous et de dessus ; – alèse ; – taie(s) d'oreiller(s) et/ou taie de traversin.	• Détergent-désinfectant • Lavettes • Haricot
Gestion du linge sale	**Prévention de la contamination**
• Le chariot à linge sale du service doit être laissé dans le couloir. • Prévoir un sac pour collecter le linge sale à l'intérieur de la chambre.	• SHA • gants à usage unique si linge souillé et pour désinfection du matériel

Déroulement du soin et justifications	Critères de qualité	Évaluation
S'informer		
• Demander le soin à réaliser, les limites de compétences, les contre-indications et consignes spécifiques.	Com et S	
• S'informer des besoins, des habitudes, du degré d'autonomie de l'usager et le prévenir du soin qui va lui être fait.	Com, S et C	
Préparer		
• Vérifier sa tenue et réaliser l'hygiène des mains.	H, S	
• Choisir et préparer le matériel et les produits.	Er et C	
• Prévenir la personne.	Com	
• Allumer la présence.	Com	
• Ouvrir la fenêtre pour aérer. Si la personne est présente, lui proposer une couverture.	H et C	
• Mettre une ou deux chaises au pied du lit et les désinfecter.	H	
• Accrocher le sac à linge au dossier.	H	
• Réaliser l'hygiène des mains.	H et S	
• Aller chercher le linge propre et le déposer sur une surface désinfectée.	H et S	
Réaliser		
Défaire le lit		
• Ôter la taie d'oreiller, déposer l'oreiller sur la chaise.	C	
• Déborder les pièces de la literie en faisant le tour du lit.	Er	
• Rester du côté où l'on se trouve.	Er	
• Plier en portefeuille le dessus-de-lit puis la couverture et les déposer sur la chaise.	C	
• Plier le drap du dessus sur la personne, il servira de drap de pudeur.	C	
Refaire le lit		

= matériel et/ou étape spécifiques à la structure

Déroulement du soin et justifications	Critères de qualité	Évaluation
Change de l'alèse et du drap de dessous		
• Retourner la personne en décubitus latéral en la protégeant avec le drap de pudeur.	C	
• Rouler l'alèse puis le drap sale derrière son dos.	H	
• Désinfecter la moitié du matelas si matelas avec alèse PVC.	H et S	
• Réaliser l'hygiène des mains	H et S	
• Placer le drap propre, le déplier dans le sens de la longueur contre le dos de la personne.	H	
• Border en haut, en bas et latéralement.	C	
• Placer l'alèse.	C	
• Retourner la personne en décubitus latéral inverse.	C	
• Enrouler et ôter les draps sales et les déposer dans le sac prévu à cet effet.	H	
• Désinfecter la moitié du matelas si matelas avec alèse PVC.	H et S	
• Réaliser l'hygiène des mains.	H et S	
• Dérouler et tirer le drap de dessous et l'alèse.	C et S	
• Border le haut, le bas et latéralement.	C	
• Réinstaller la personne en décubitus dorsal.	C	
Change du drap de dessus		
• Poser le drap propre le long du drap sale mais veiller à ce qu'ils ne soient pas en contact.	H et S	
• Enrouler le drap sale en dépliant au fur et à mesure le drap propre afin de respecter la pudeur.	H et C	
• Placer la couverture et le dessus-de-lit.	C	
• Les border au fond du lit en réalisant le pli d'aisance.	C et S	
• Faire le revers du drap de dessus.	C	
• Réinstaller confortablement la personne.	C, S	
Change de la taie et réinstallation de l'oreiller		
• S'assurer des besoins de l'usager.	Com et C	
Ranger		
• Dépoussiérer et/ou désinfecter tous les montants, cadres de lits et ses accessoires, puis tous les supports des draps.	H et S	
• Ranger et réorganiser l'espace.	H, C et S	
• Fermer la fenêtre.	C	
• Éteindre la présence.	Com	
• Réaliser l'hygiène des mains.	H et S	
Transmettre		
• Noter le comportement et/ou les plaintes de la personne.	Com, S	
Évaluer		
• Faire le point sur sa prestation avec le professionnel qui encadre le soin.	Com	

Légende : H pour le critère **Hygiène**, S pour **Sécurité**, C pour **Confort**, Com pour **Communication**, Er pour **Ergonomie**.

Activité 1 : Prévention des risques d'alitement prolongé

Document 1 L'escarre, un risque particulier d'alitement prolongé

L'écrasement prolongé des tissus entre deux plans durs : l'un appartenant à la personne (os du squelette), l'autre extérieur (plan du lit, assise d'un fauteuil ou d'une chaise), provoque une diminution ou un arrêt de la circulation sanguine (ischémie). Les tissus de la zone cutanée comprimée ne sont plus oxygénés (anoxie) et meurent (nécrose). Cette lésion ischémique des tissus est appelée escarre.

L'escarre se développe en quatre stades : érythème, phlyctène ou désépidermisation, ulcération ou nécrose, ulcération profonde.

L'escarre peut se constituer en quelques heures et mettre des mois à cicatriser. Elle est la source de douleurs invalidantes. Elle prolonge la durée d'une hospitalisation (et en accroît son coût).

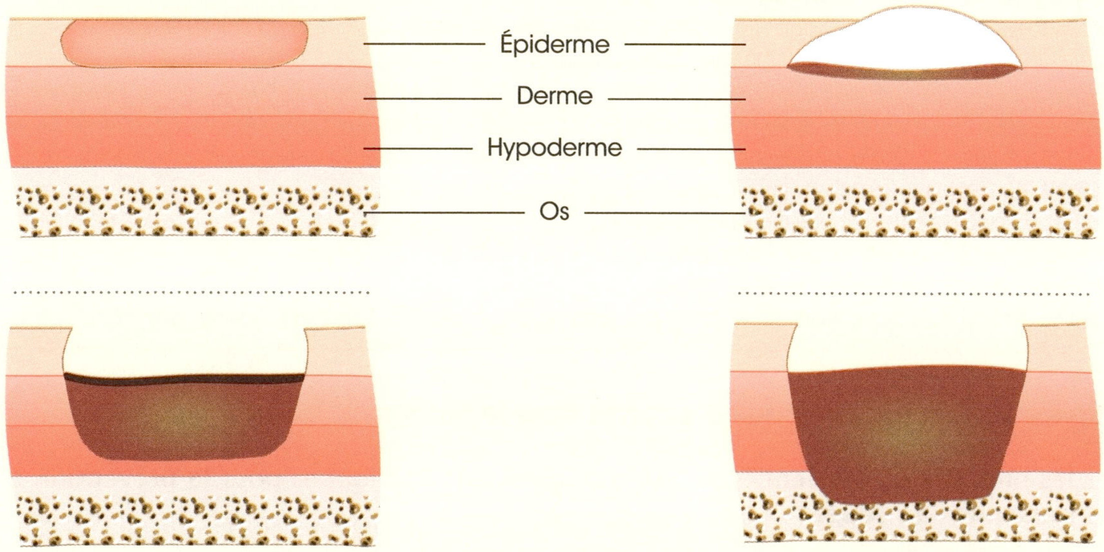

....

....

1 **Remettez dans l'ordre les étapes du mécanisme de constitution de l'escarre.**

Les cellules manquent de dioxygène. ......

Le sang n'arrive plus au tissu cutané. ......

Écrasement de la peau entre 2 plans durs. ......

Une plaie apparaît. ......

Les cellules meurent. ......

2 **Donnez un titre à chaque schéma du document 1.**

3 **Citez deux conséquences pour un patient atteint d'une escarre.**

....

....

Document 2 Personnes à risque et mesures de prévention

Certains facteurs de risque majorent la survenue d'escarre. Sont concernées toutes les personnes ayant une altération de l'état général, des pathologies associées, une perte de la sensibilité, des thérapeutiques à risques, une mobilité réduite ou immobilité totale, une incontinence urinaire et/ou fécale qui favorise une macération de la peau, un état nutritionnel insuffisant en protéines et apport hydrique, la maigreur et l'obésité.

La négligence du personnel peut constituer également un facteur de risque très important. Souvent par manque de connaissances, la prise en charge des personnes à risque est insuffisante ou inappropriée. Des transmissions incomplètes ou peu précises contribuent, aussi, à une prise en charge inefficace et dangereuse pour l'usager.

Les personnes présentant des facteurs de risque d'escarre nécessitent une surveillance accrue du personnel soignant, des changements de position toutes les 3 heures et mise au fauteuil (si possible) seront nécessaires pour toutes les personnes ayant une mobilité réduite ou immobilité totale.

Les soins d'hygiène corporelle doivent être optimums chaque jour, ainsi que l'hygiène et le confort de la literie.

Les aides techniques (matelas ou surmatelas : avec circulation d'air, à plots, à eau, à gel ; coussin anti-escarres, protège coude, protège talons), disponibles dans les services, seront mises en place rapidement chez toute personne à risque.

Certains services de soins ont des protocoles qui consistent à réaliser des effleurages préventifs sur les zones à risques.

L'escarre n'est pas une fatalité. La prévention est une priorité, elle consiste à éviter l'anoxie des tissus comprimés. Les facteurs favorisants étant connus, les actions préventives visent à :

- activer la vascularisation au niveau des points d'appui ;
- limiter la durée ou l'importance de la compression sur une zone donnée ;
- éviter l'altération de l'état général de la personne.

Au-delà du stade 1, l'escarre constituée nécessite des soins curatifs relevant de la compétence de l'infirmière.

4 **Surlignez les facteurs de risque d'escarres dans le document 2.**

5 **Citez les mesures qui doivent être systématiquement appliquées pour la prévention d'escarre chez les personnes à risque.**

....

....

....

....

....

....

....

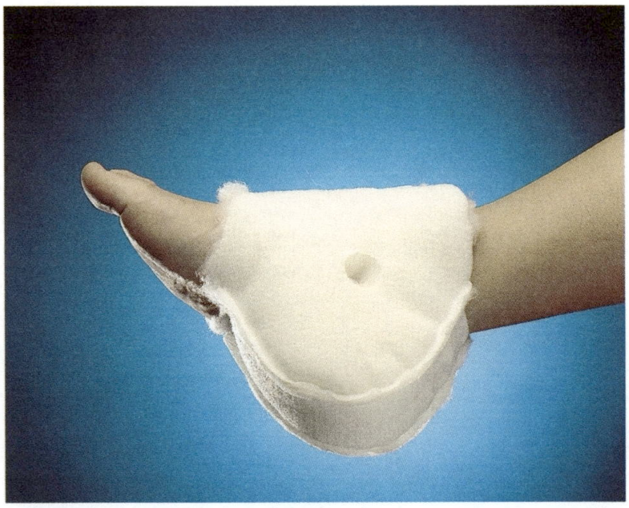

protège talon

matelas anti-escarres

6 Indiquez des mesures de prévention spécifiques à chacun des facteurs de risque cités dans le tableau.

Facteurs de risques	Mesures de prévention
Incontinence urinaire et/ou fécale	....
État nutritionnel	....
Négligence du personnel	....

7 Donnez l'objectif général de la prévention des escarres dans le document 2.

....

Document 3 Escarres et zones à risques

Les zones cutanées les plus exposées sont celles où une surface osseuse est saillante.

....

1 Crâne
2 Omoplates
3 Coudes
4 Sacrum
5 Ischion
6 Mollets
7 Talons

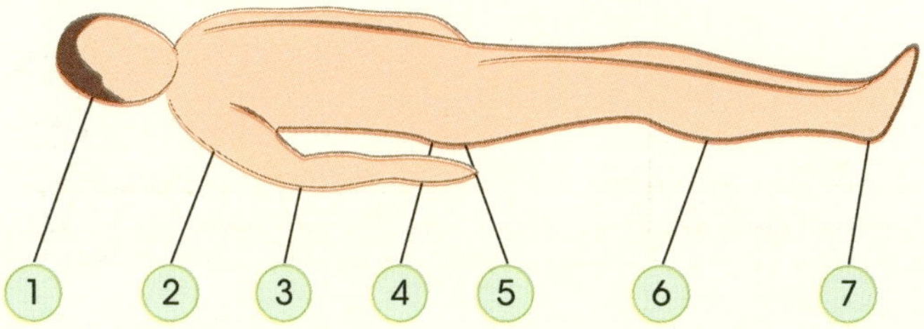

....

1 Joues et oreilles
2 Seins (femme)
3 Organes génitaux
4 Genoux
5 Orteils

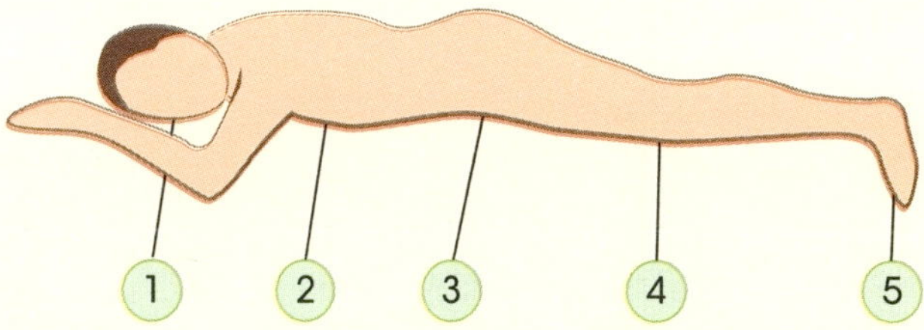

....

1 Sacrum ou ischions

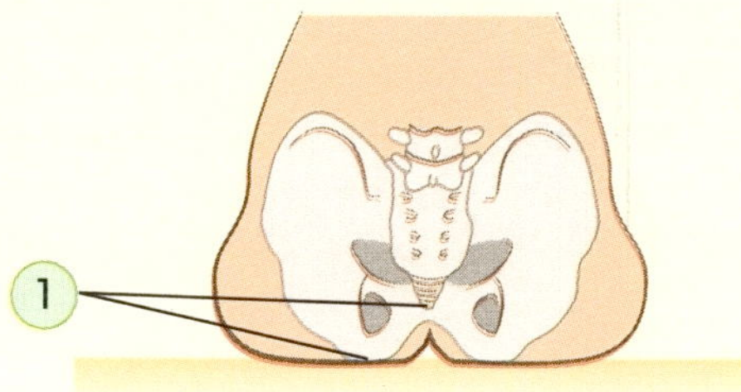

8 Nommez chaque position présentée dans le document 3.

Document 4 Les autres complications d'alitement prolongé

Appelées complications de décubitus, elles sont plus précisément liées à l'immobilisation avec la perte de la station verticale et l'absence d'exercice.

L'immobilité crée un état de dépendance qui est vécu différemment par les personnes. Elle peut être génératrice d'angoisses et peut évoquer l'image de la mort ou renvoyer vers des images de dépendance infantile. S'y ajoutent des difficultés à établir des contacts relationnels et des difficultés à se situer dans l'espace et le temps.

La respiration du sujet alité est modifiée. L'oxygénation du sang se fait moins bien, car les zones pulmonaires sont moins mobilisées. Si l'alitement se prolonge, la capacité vitale diminue. Enfin, l'alitement prolongé favorise l'encombrement des poumons par les sécrétions.

Les modifications cardiaques et vasculaires sont dominées par le risque de phlébite, voire d'embolie pulmonaire. On constate une atrophie du muscle cardiaque.

Le remaniement osseux est déséquilibré et a aussi pour conséquence l'élimination accrue de calcium dans les urines, ce qui augmente le risque de lithiase (calcul) dans les voies urinaires.

Le métabolisme osseux est perturbé. L'activité de construction de l'os reste identique, mais celle de résorption est supérieure. La masse osseuse diminue et l'os se déminéralise, le rendant plus fragile.

Le transit intestinal est modifié, avec un ralentissement du transit et une tendance à la constipation. Le risque majeur est celui de fécalome (obstruction du tube digestif par un bouchon de matières fécales).

L'immobilité prolongée peut également être à l'origine d'amyotrophies (diminution de la masse des muscles), de rétractions musculaires et d'attitudes « vicieuses » par adaptation des muscles en positions imposées et prolongées. On constate des ankyloses articulaires par rétraction des tendons et des ligaments.

9 Complétez le tableau suivant.

Nom des appareils ou système touchés	Exemples d'organe de cet appareil ou système	Conséquences de l'alitement prolongé sur l'organisme
....	....	....
....	....	....
....	....	....
....	....	....
....	....	....
....	....	....

Chapitre 5

La toilette du visage

OBJECTIF

C 3.3.2 S 3.2.1

- Aider à la toilette du visage.

Situation professionnelle

Vous travaillez ce mois de novembre à l'ADMR de Pontivy, vous intervenez chez Mme Poitou qui est prestataire de l'association depuis 5 ans. Il est 11 h 45, vous devez aider Madame Poitou à manger dans sa chambre puis réaliser sa toilette du visage. Madame Poitou a 96 ans, elle est en fin de vie, ne se lève plus et est alitée depuis un mois, dans un lit médicalisé. Elle souffre de difficultés respiratoires, est aspirée plusieurs fois par jour par une infirmière. Elle reste dans un état de somnolence et ne communique pratiquement plus. Sa nourriture est gélifiée car elle est victime de troubles de la déglutition. Votre tutrice vous demande de la stimuler sans cesse pour éviter les fausses routes et d'attendre entre chaque cuillère qu'elle ait bien avalée. Le repas se passe sans difficulté mais Mme Poitou ne parvenant pas à avaler complètement les aliments et l'eau gélifiée, ces derniers coulent par les coins de sa bouche, elle se salit donc le visage lors de chaque repas. À 12 h 25, vous effectuez la toilette de son visage.
Mme Poitou est une personne qui aimait bien manger et qui prenait plaisir à cuisiner.

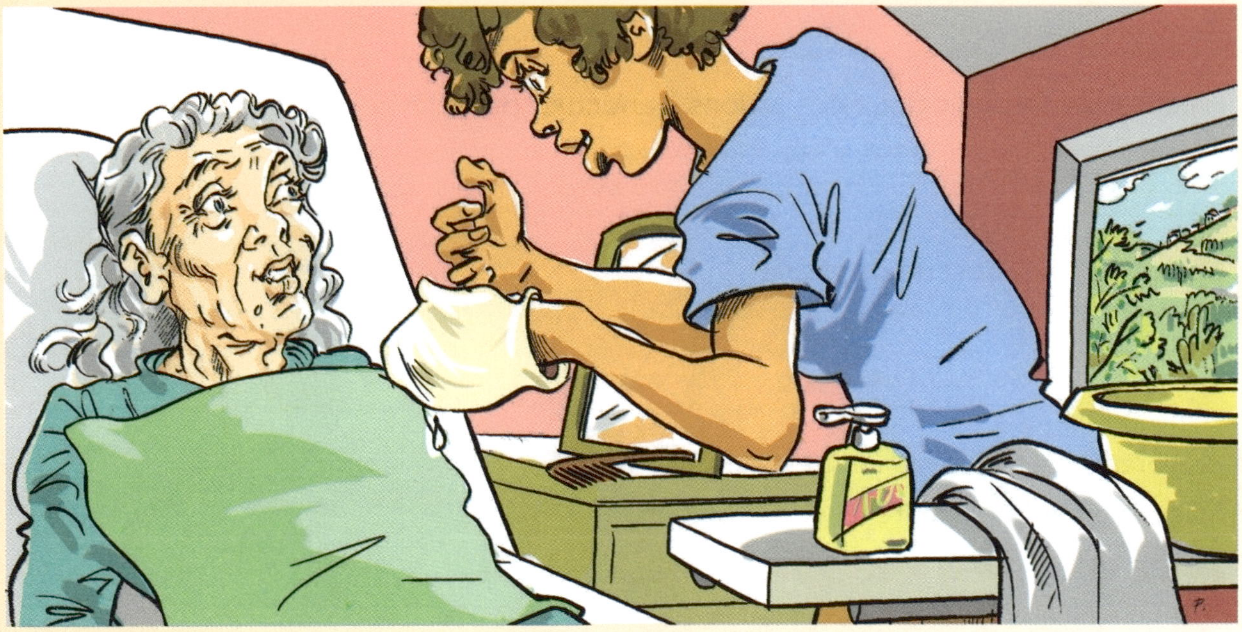

Analyse de la situation professionnelle

♦ **Contexte professionnel (où ? quand ?)**

....

....

♦ **Présentation de l'usager (à qui ?)**

Identité, âge, pathologie(s) : ....

Degré d'autonomie : ....

Habitudes de vie : ....

♦ Analyse de ses besoins fondamentaux et actions proposées/envisagées

Besoins fondamentaux perturbés	Manifestations de dépendance	Actions des professionnels et de l'élève
....	....	....
....	....	....
....	....	....
....	....	....
....	....	....
....	....	....

♦ Planification chronologique des actions à effectuer par l'élève

....

....

♦ Étapes du soin : Toilette du visage

✓ *S'informer :*

....

✓ *Préparer :*

Se préparer : tenue professionnelle et hygiène des mains.

Installer et organiser le matériel et les produits.

✓ *Réaliser :*

Réaliser la technique en suivant les indications de la fiche page 37.

Indiquer les critères de qualité concernés par les différentes étapes.

✓ *Ranger le matériel et l'espace.*

✓ *Faire la transmission écrite sur le cahier de transmissions et/ou orale si besoin :*

....

....

....

✓ *Évaluer sa prestation avec le professionnel qui encadre.*

Fiche technique

Soin du visage

Objectifs du soin :

Maintenir la peau en état de propreté parfaite.
Assurer l'hygiène et le bien-être de la personne.
Communiquer par le toucher.

Matériel et produits (à sélectionner selon la situation)

Soins du visage, des yeux	Soin du nez	Soin des oreilles
• Cuvette + eau ou lavabo • 2 serviettes • 1 gant • Savon ou produits dermatologiques spécifiques • Miroir	• Mouchoirs jetables	• Coton-tiges de sécurité
Soin des cheveux	**Hygiène buccodentaire**	**Gestion des déchets et du linge sale**
• Brosse ou peigne • 1 compresse (recueil des pellicules et des cheveux)	• Brosse à dent • Verre • Compresse	• Haricot • Sac à linge sale ou sac-poubelle
Hygiène de l'environnement		**Prévention des contaminations**
• Lavette • Détergent - désinfectant		• SHA ou savon

Déroulement du soin	Critères de qualité	Évaluation
S'informer		
• Demander le soin à réaliser, les limites de compétences, les contre-indications et consignes spécifiques.	Com et S	
• S'informer des besoins, des habitudes, du degré d'autonomie de l'usager et le prévenir du soin qui va lui être fait.	S et C et Com	
Préparer		
• Vérifier sa tenue et réaliser l'hygiène des mains.	H et S	
• Allumer la présence.	Com	
• Vérifier l'environnement : portes et fenêtre fermées, température de la pièce à 20 °C, stock de matériel suffisant…	C et S	
• Bionettoyage des supports.	H et S	
• Installer et organiser le matériel, les produits et le linge.	H, Er et C	
• Régler le lit à bonne hauteur.	C, Er	
• Réaliser l'hygiène des mains.	H et S	
Réaliser		
• Protéger l'oreiller par une serviette.	C et H	
• Dégager le cou de la personne et la protéger avec une serviette.	H	
• Nettoyer les yeux de l'angle externe vers l'angle interne à l'eau claire.	H et S	

(surligné) = matériel et/ou étape spécifiques à la structure

Déroulement du soin	Critères de qualité	Évaluation
• Rincer et savonner le gant (savon seulement si la personne le souhaite).	H	
• Nettoyer le front, les joues, le menton et le nez.	H	
• Rincer le gant.	H, C et S	
• Savonner le cou.	H	
• Rincer et essuyer doucement.	H, C et S	
• Proposer une crème pour le visage, de l'eau de toilette, un maquillage, un rasage.	C	
• Proposer ou aider à faire l'hygiène buccodentaire.	H, C et S	
• Coiffer la personne.	C	
• Réinstaller la personne selon ses souhaits et/ou sa pathologie	C et S	
Ranger		
• Évacuer le linge sale dans le sac-poubelle ou dans le sac à linge.	H et S	
• Ranger et réorganiser l'espace.	H et C	
• Éteindre la présence.	Com	
• Réaliser l'hygiène des mains.	H et S	
Transmettre		
• Noter le comportement et/ou les plaintes de la personne.	Com et S	
Évaluer		
• Faire le point sur sa prestation avec le professionnel qui encadre le soin.	Com	

Légende : H pour le critère **Hygiène**, S pour **Sécurité**, C pour **Confort**, Com pour **Communication**, Er pour **Ergonomie**.

Fiche technique

Le maquillage

Objectifs du soin :

- Permettre à la personne partiellement autonome de garder une apparence soignée.
- Participer à son bien-être physique et psychologique et valoriser l'image de soi.

Matériel et produits (à sélectionner selon la situation)

Maquillage		Hygiène de l'environnement
• Crème pour le visage • Fond de teint, poudre libre • Mascara, fard à joues, à paupières	• Pinceaux à maquillage • Disques de coton • Rouge à lèvres • Coton-tige • Parfum, miroir	• Lavettes à usage unique • Détergent-désinfectant • Protection de l'oreiller si personne alitée.
Prévention des contaminations		
• SHA ou savon		

Déroulement du soin et justifications	Critère de qualité	Évaluation
S'informer		
• Demander l'accord pour réaliser le soin au supérieur hiérarchique.	Com et S	
• S'informer des habitudes de l'usager et convenir avec lui de l'heure du soin.	S, C et Com	
Préparer		
• Vérifier sa tenue et réaliser une hygiène des mains.	H et S	
• Allumer la présence.	Com	
• Bionettoyage des supports et installer, organiser le matériel, les produits et le linge.	H et S, Er	
• Régler le lit à bonne hauteur.	C, Er	
• Réaliser l'hygiène des mains.	H et S	
Réaliser		
• Dégager le cou de la personne et la protéger par une serviette.	H	
• Mettre la crème hydratante sur le front, le nez, les joues, le menton.	C	
• Appliquer de la même façon un fond de teint et/ou une poudre libre.	C	
• Poser un fard à paupières. Estomper si nécessaire et proposer du mascara.	C	
• Appliquer du blush sur les joues : aller de la racine des cheveux vers le nez. Estomper si nécessaire.	C	
• Proposer du rouge à lèvres et du parfum à la fin du soin.	C	
• Réinstaller la personne selon ses souhaits.	C	

= matériel et/ou étape spécifiques à la structure

Déroulement du soin et justifications	Critère de qualité	Évaluation
Ranger		
• Ranger et réorganiser l'espace.	H et C	
• Éteindre la présence.	H et S	
• Réaliser l'hygiène des mains.	H et S	
Transmettre		
• Noter le comportement et/ou les plaintes de la personne.	Com et S	
Évaluer		
• Faire le point sur sa prestation avec le professionnel qui encadre le soin.	Com	

Légende : H pour le critère **Hygiène**, S pour **Sécurité**, C pour **Confort**, Com pour **Communication**, Er pour **Ergonomie**.

Le massage du visage

Au cours du maquillage, l'aidant peut procéder à un massage du visage favorisant la relaxation et le lien en particulier avec les personnes ne communiquant plus par la parole. Il convient de :

- Déposez un peu d'huile de massage ou la crème hydratante sur vos mains.
- Placez les doigts au milieu du front juste au-dessus des sourcils en maintenant vos mains sur les côtés de la tête et écartez lentement l'un de l'autre vers les tempes jusqu'à la racine des cheveux.
- Procédez ainsi par petites bandes du bout des doigts en utilisant essentiellement la pulpe de vos doigts pour rendre le toucher plus agréable.
- Massez ensuite les sourcils, les paupières et suivez les arcades sourcilières.
- Descendez ensuite vers le nez en partant du milieu du nez vers les joues.
- Passez vos pouces sur les paupières, depuis les coins internes des yeux jusqu'aux coins externes en répétant ce mouvement plusieurs fois.
- Massez le nez depuis le milieu des sourcils en descendant avec la pulpe de vos pouces l'un après l'autre par alternance.
- Massez les joues, par bandes transversales, en appuyant avec la pulpe des doigts depuis les pommettes jusqu'au cuir chevelu.
- Massez avec deux de vos doigts en effectuant de petits cercles, l'articulation de la mâchoire.
- Terminez le massage par un effleurage et des tapotements du bout des doigts sur toute la surface du visage.

ACTIVITÉ 1 : Le maquillage

Document 1 Socio-esthéticienne : un nouveau métier

La socio-esthétique serait-elle une nouvelle forme de soins en maison de retraite ? En fait, cette spécialité existe depuis déjà 30 ans. Elle permet d'apporter « écoute, confort, réconfort et relaxation » aux personnes fragilisées, qu'elles soient atteintes dans leur intégrité physique (maladie, accident, vieillesse,...) ou psychique, ou qu'elles soient en détresse sociale (chômage, détention,...). En gériatrie, la socio-esthétique est une approche en douceur de la personne âgée, dans le respect de son intimité. La socio-esthéticienne se déplace en maison de retraite pour accompagner la personne âgée vers des soins simples, adaptés et personnalisés qui permettront de renforcer l'estime et la confiance en soi, le désir de plaire, la beauté intérieure... « Je les invite à sortir de leur chambre, de la salle à manger, pour découvrir le monde de la beauté », précise Corinne Prat.

Les socio-esthéticiennes sont formées au centre de formation CODES, à la faculté de médecine de Tours. D'abord esthéticiennes diplômées, les candidates acquièrent les compétences nécessaires (écoute, relation, sensibilisation, techniques du prendre soin) pour adapter les soins esthétiques aux populations fragiles (personnes âgées, jeunes en réinsertion, grands malades...). Comme le précise Corinne Prat, il s'agit d'aller « au-delà de l'esthétique », dans une approche globale du patient.

blog.capretraite.fr

1 Expliquez en quoi consiste l'intervention de la socio-esthéticienne en maison de retraite.

....

....

2 Faites une fiche sur la formation permettant de devenir socio-esthéticienne. À rédiger sur une copie.

Document 2 Les produits de maquillage

Le teint	Les yeux	Les lèvres	Les ongles
Fond de teint Le fond de teint permet d'obtenir un teint uniforme et de masquer les imperfections. Il lisse les rides et donne une bonne tenue au maquillage. Poudre Qu'elle soit compacte ou libre, la poudre rehausse le fond de teint ou le remplace et filtre la lumière. Fard à joues ou blush Il relève les pommettes et les rend lumineuses et éclatantes. Ils existent dans divers coloris.	Crayon et Eyeliner Il surligne le regard d'un trait. Ombres à paupière Le fard à paupières recouvre les paupières de couleurs intenses ou de reflets nacrés. Mascara Il donne du volume aux cils, les épaissit, les allonge et les recourbe pour un regard intense. Certains mascaras sont résistants à l'eau (waterproof).	Contour des lèvres Le crayon contour des lèvres redessine le contour des lèvres et les rend plus symétriques. Rouges à lèvres Les rouges à lèvres colorent ou donnent du relief nacré aux lèvres. Certains rouges à lèvres hydratent et nourrissent les lèvres. Gloss ou brillants Ils font briller la bouche et augmentent par conséquent le volume des lèvres en les rendant pulpeuses.	Soins pour renforcer les ongles Ils réparent les ongles mous et fragiles, ou nourrissent les ongles cassants et secs. Ils accélèrent la croissance des ongles. Vernis à ongles Les vernis à ongles colorent les ongles avec différentes nuances. Certains vernis font scintiller les ongles avec des reflets de strass. On peut également décorer les vernis en collant des bijoux ou en dessinant sur l'ongle.

3 Complétez le schéma suivant en indiquant le nom des différents produits utilisés à l'aide du document 2.

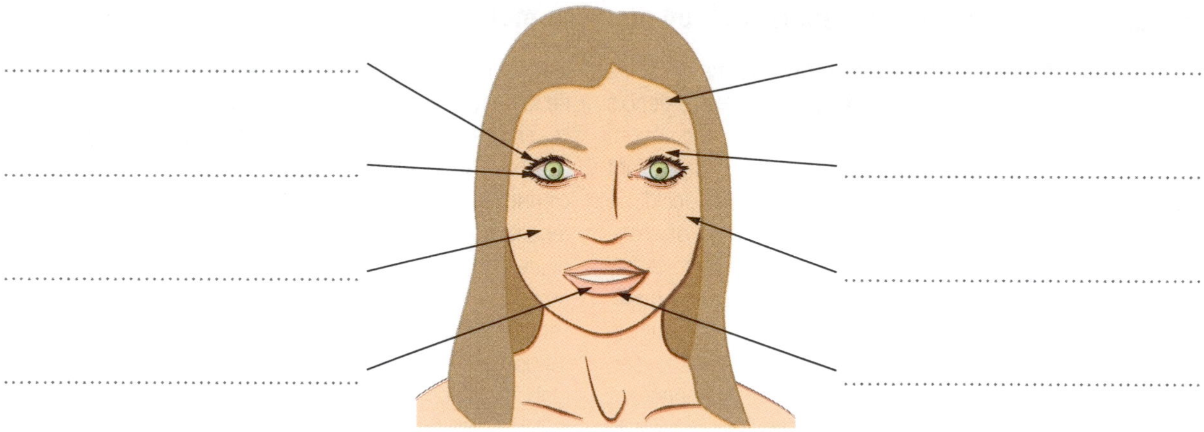

4 Indiquez le rôle principal des produits suivants.

Nature du produit	Rôle
Fond de teint	....
Poudre	....
Rouge à lèvre	....
Eyeliner	....
Mascara	....

5 Remettez dans l'ordre chronologique les différentes étapes du maquillage :

- Appliquer une crème hydratante ......
- Dessiner le contour des lèvres ......
- Appliquer du blush en remontant vers les tempes ......
- Recouvrir les cils de mascara ......
- Appliquer le fond de teint ......
- Mettre la poudre libre ou compacte ......
- Recouvrir les lèvres de gloss ......
- Appliquer le fard à paupière ......

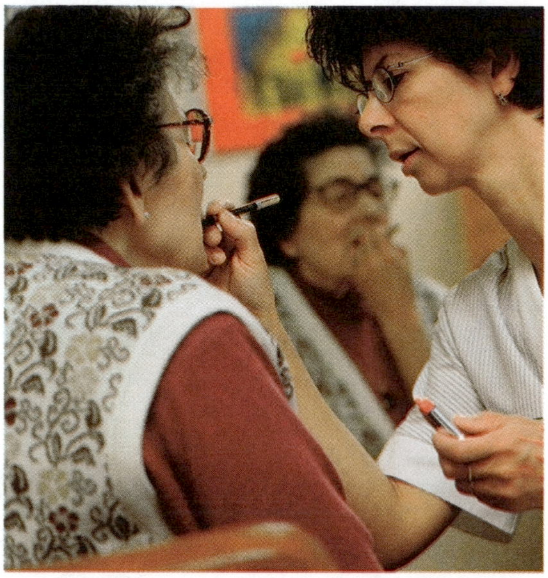

Activité 2 : Le rasage

Document 3 La barbe en chiffres

Les poils de la barbe sont les plus épais du corps humain et présentent une étonnante résistance. À diamètre égal, ils seraient plus solides que des fils de cuivre ! Leur rythme de croissance moyen est de 0,3 à 0,4 mm/jour avec une accélération en été par rapport à l'hiver.
Le fait de se raser n'augmente en aucun cas le rythme de croissance explique la dermatologue Laurence Netter. « C'est comme les cheveux. Ils ne poussent pas plus vite lorsqu'on les coupe. Le rasage fréquent rend juste la coupe plus nette et la repousse plus piquante. » Néanmoins, la production pilaire n'est pas la même pour tous les individus. « Certains hommes doivent se raser jusqu'à deux fois par jour tandis que d'autres peuvent se contenter d'un jour sur deux », indique Catherine Laverdet, une autre dermatologue. La plupart des hommes se rase une fois par jour.
De même, la répartition de la pilosité sur le visage est fonction du patrimoine génétique de chacun. Le nombre moyen de follicules pileux par cm² est estimé à 385 au-dessus de la lèvre supérieure, 520 sur le menton, 830 sur les joues et 300 au niveau du cou. Le taux de croissance des poils augmente avec l'âge. Sur le visage, il est généralement stabilisé à 25 ans mais peut augmenter jusqu'à 35 ans.

www.01men.com

1 **Indiquez la fréquence du rasage et justifiez votre réponse.**

....

2 **Donnez la vitesse de croissance d'un poil.**

....

Document 4 Rasoir électrique ou mécanique

	Rasoir électrique	Rasoir mécanique
Avantages	• Les lames sont protégées et il y a moins de risque de se blesser. • Il est rapide. • Il convient mieux aux personnes à peau sèche et irritable. • Il coûte moins cher à long terme.	• Il est précis et efficace. Il permet d'obtenir un rendu doux et lisse.
Inconvénients	• Le résultat n'est pas aussi impeccable qu'avec les rasoirs à lames. • Le rasage électrique est souvent jugé désagréable, voire douloureux. • Nécessite une prise électrique ou une batterie chargée. • Il a un coût plus élevé à l'achat.	• Risques de coupures. • Il nécessite plus d'attention et de patience. • À proscrire pour les personnes à la peau sensible ou développant des folliculites. • Il est onéreux car il est nécessaire de changer les lames après une dizaine d'utilisations.

3 **Lors de vos interventions, vous procédez au rasage de plusieurs bénéficiaires. Choisissez le matériel que vous utilisez en cochant le tableau ci-dessous et justifiez votre choix.**

	Rasage mécanique	Rasage électrique	Justifications
M. Robert aime être rasé de très près. Sa barbe n'est pas très fournie et ne nécessite qu'un rasage tous les deux jours.			....
M. Némo a une peau très fragile et très fine.			....
M. Gibut n'aime pas être rasé, il veut que « ça aille vite ».			....
M. Deca est diabétique, il cicatrise mal et il a un risque important d'infection.			....

Document 5 Extrait d'un protocole de rasage

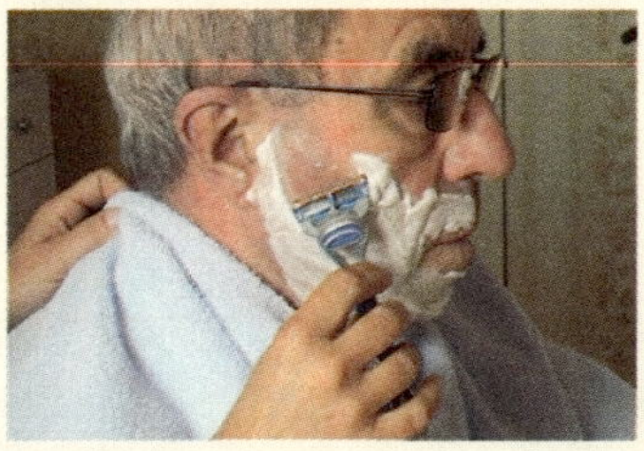

Déroulement du soin	Critères de qualité
Dégager le cou de la personne et la protéger par une serviette.	....
Rasage mécanique	
Étendre la crème à raser.	....
Tendre la peau. Raser avec prudence sans insister (risque d'irritation de la peau).	....
Rincer et sécher le visage.	....
Appliquer la lotion après-rasage.	....
Rasage électrique	
Tendre la peau, passer le rasoir en le déplaçant lentement par mouvements circulaires.	....
Appliquer la lotion après-rasage.	....
Réinstaller la personne selon ses souhaits	....

4 **Indiquez les critères de qualité correspondants aux différentes étapes présentées dans le document 5.**

Chapitre 6

Le change de la protection chez l'adulte incontinent

OBJECTIFS

C 3.3.2 S 3.2.1 C 3.3.13

- Aider au change d'une protection et à la toilette génito-anale chez l'adulte.
- Proposer et choisir le matériel spécifique d'aide à l'élimination.

Situation professionnelle

La société commerciale d'aide à la personne « Synergie » intervient chaque matin chez M. et Mme Chatau dans un appartement du centre ville de Nancy. Le 14 décembre à 11 h 30, vous aidez votre tutrice, auxiliaire de vie sociale, pour le change de la protection de Mme Chatau, 81 ans. Elle souffre de la maladie d'Alzheimer, d'incontinence* urinaire et fécale, et ne peut plus se mobiliser seule. Les barrières de son lit sont toujours relevées de façon à assurer sa sécurité. À votre arrivée dans sa chambre, vous observez que ses vêtements et l'alèse de son lit sont souillés d'urine.

Au stade plus léger de sa maladie, Mme Chatau gérait seule son incontinence urinaire et faisait sa toilette génito anale avec un savon hydratant spécifique.

Vous préparez le matériel et les produits pour le change. Mme Chatau ne présente aucune rougeur sur le siège. Elle est calme, elle bavarde mais ses propos sont confus. Après le soin, vous l'installez au fauteuil pour le repas.

** Incontinence : incapacité à maîtriser ses sphincters vésicaux et/ou anaux.*

Analyse de la situation

♦ Contexte professionnel (où ? quand ?)

....

....

♦ Présentation de l'usager (à qui ?)

Identité, âge, pathologie(s) : ....

Degré d'autonomie : ....

Habitudes de vie : ....

♦ Analyse de ses besoins fondamentaux et actions proposées/envisagées

Besoins fondamentaux perturbés	Manifestations de dépendance et/ou pathologies	Actions des professionnels et de l'élève
....	....	....
....	....	....
....	....	....
....	....	....
....	....	....
....	....	....

♦ Planification chronologique des actions à effectuer par l'élève

....

....

....

....

♦ Étapes du soin : Le change de la protection et la toilette génito-anale

✓ *S'informer :*

....

....

✓ *Préparer*

Se préparer : tenue professionnelle et hygiène des mains.
Installer et organiser le matériel et les produits.

✓ *Réaliser :*

Réaliser la technique en suivant les indications de la fiche page 47.

Indiquer les critères de qualité concernés par les différentes étapes.

✓ *Ranger le matériel et l'espace*

✓ *Faire la transmission écrite sur le cahier de transmissions et/ou orale si besoin :*

....

....

✓ *Évaluer sa prestation avec le professionnel qui encadre*

Fiche technique

Le change d'une protection et la toilette génito-anale chez l'adulte

Objectifs du soin :

- Assurer l'hygiène et le confort de la personne.
- Prévenir l'apparition d'escarres.

Matériel et produits (à sélectionner suivant la situation)

Toilette génito-anale	Prévention de la contamination manuportée	Gestion du linge et des déchets
• Cuvette(s) • Eau chaude • Papier-toilette • Savon • 2 Gants ou gants jetables • 2 Serviettes (réservées au bas) • Protection à usage unique	• Gants à usage unique • Savon ou SHA	• Sac poubelle • Sac à linge sale ou sac poubelle • Bac à linge
	Prévention d'escarres	**Hygiène de l'environnement**
	• Produit ou matériel selon prescription médicale	• Lavette • Détergent-désinfectant
	Linge	
	• Vêtement(s) • Alèse jetable et/ou en tissu + drap(s) jetable(s)	

Déroulement du soin	Critères de qualité	Évaluation
S'informer		
• Demander le soin à réaliser, les limites de compétences, les contre-indications et consignes spécifiques.	Com et S	
• S'informer des besoins, des habitudes, du degré d'autonomie de l'usager et le prévenir du soin qui va lui être fait.	S et C et Com	
Préparer		
• Vérifier sa tenue et réaliser l'hygiène des mains.	H, S	
• Allumer la présence.	Com	
• Vérifier l'environnement : portes et fenêtre fermées, température de la pièce à 20 °C, stock de matériel suffisant.	C, S et E	
• Bionettoyage des supports.	H, S	
• Réaliser l'hygiène des mains.	H et S	
• Installer et organiser le matériel, les produits et le linge.	H et Er	
• Demander à la personne si elle souhaite uriner.	C et Com	
• Régler le lit à bonne hauteur.	Er	
• Réaliser l'hygiène des mains	H	
Réaliser		
• Installer la personne en décubitus dorsal.	C et Er	
• Déshabiller le bas du corps et faire un drap de pudeur (*l'usager ne doit jamais être nu sur le lit*).	C	
• Réaliser l'hygiène des mains et mettre des gants à usage unique.	H et S	
• Ouvrir la protection et essuyer si besoin avec du papier.	H et C	
• S'il y a des selles abondantes et/ou liquides, il faut commencer par laver les fesses en installant le patient en décubitus latéral.	H et C	
• Examiner les urines et/ou les selles.	Com et S	
• Replier la protection sous le siège.	H	

= matériel et/ou étape spécifiques à la structure

Déroulement du soin	Critères de qualité	Évaluation
La toilette des organes génitaux		
• Savonner et rincer du pubis vers l'anus (prévention des infections urinaires ou génitales). – **Chez la femme :** pubis, intérieur des cuisses, grandes lèvres, petites lèvres, méat urinaire, tourner son gant entre chaque passage. – **Chez l'homme :** pubis, intérieur des cuisses, verge en décalottant pour bien nettoyer les replis du prépuce, les bourses, tourner son gant entre chaque passage. – Ne pas oublier de recalotter le prépuce de l'homme (*éviter un étranglement du gland*).	H et S S	
• Rincer ou changer le gant aussi souvent que nécessaire.	H et S	
• Changer l'eau de la cuvette.	H	
Toilette du siège		
• Installer la personne en décubitus latéral.	C et Er	
• Retirer la protection et protéger le lit avec l'alèse ou une serviette.	H	
• Savonner : bas du dos si nécessaire, fesses, haut des cuisses, sillon interfessier, anus.	H et S	
• Rincer le gant ou changer aussi souvent que nécessaire.	H et S	
• Sécher par tamponnements.	C et S	
• Oter les gants à usage unique et se frictionner les mains avec la SHA.	H et S	
• Vérifier l'état cutané et faire la prévention d'escarres.	S et Com	
Pose de la protection propre		
• Placer l'alèse propre si besoin.	H et C	
• Installer la protection dépliée à plat sous les fesses de la personne.	H et C	
• Réinstaller la personne en décubitus dorsal.	C et Er	
• Rabattre la partie avant de la protection entre les jambes.		
• Fixer les adhésifs sans trop serrer.	S	
• Vider l'eau de la cuvette dans les sanitaires.	H	
• Rhabiller le bas du corps de la personne ou changer de vêtement si nécessaire.	H et C	
• Refaire le lit et réinstaller la personne selon ses souhaits et/ou sa pathologie.	C et S	
• Remettre les barrières de sécurité si nécessaire.	S	
Ranger		
• Évacuer le linge souillé dans le sac poubelle.	H et S	
• Ranger le matériel, les produits et l'espace.	H et C	
• Bionettoyer les surfaces utilisées.	H et S	
• Réaliser l'hygiène des mains.	H, S	
• Éteindre la présence.	Com	
Transmettre		
• Noter le soin, la présence, la quantité et l'aspect des urines et/ou selles, l'état cutané et le comportement de la personne.	Com et S	
Évaluer		
• Faire le point sur sa prestation avec le professionnel qui encadre le soin.	Com	

Légende : H pour le critère **Hygiène**, S pour **Sécurité**, C pour **Confort**, Com pour **Communication**, Er pour **Ergonomie**.

ACTIVITÉ 1 : Le matériel de protection spécifique pour l'adulte incontinent

Document 1 Les différents types de changes pour l'adulte

Le choix du change se fera en fonction :
- du tour de taille de la personne : différentes tailles existent : S, M, L, XL ;
- de l'importance de l'incontinence : pertes urinaires occasionnelles, régulières, incontinence fécale ;
- du sexe de la personne pour les protections anatomiques ;
- du type d'incontinence : urinaire ou urinaire et fécale ;
- du degré d'autonomie de la personne : préférer un slip absorbant pour une personne ayant conservé son autonomie motrice.

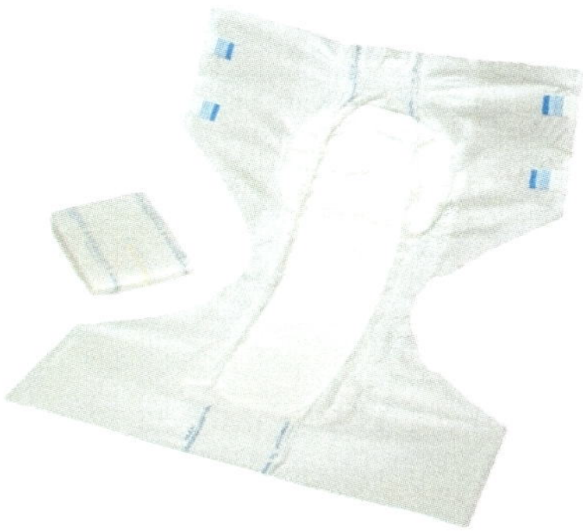	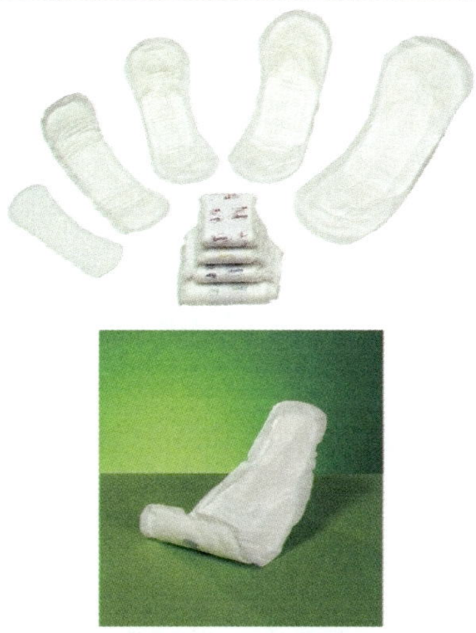	
Change complet avec adhésifs	Protections anatomiques avec bande adhésive	Slip ou culotte absorbant
Cette protection convient aux		
....	....	....
....	....	....
....	....	....

1 Indiquez à quelle personne conviennent les protections présentées dans le document 1 en complétant le tableau à l'aide des phrase suivantes :

– Personnes avec des fuites urinaires importantes ou une incontinence mais ayant une bonne motricité.
– Personnes incontinentes urinaire et/ou fécale à mobilité réduite ou alitée.
– Personnes avec des fuites urinaires modérées, occasionnelles ou régulières.

2 Citez et justifiez quel type de change vous choisissez pour Mme Chatau (voir situation professionnelle p. 45).

....

....

3 Présentez le besoin fondamental perturbé de Mme Chatau qui justifie que le change de la protection soit fait au lit.

....

Document 2 Les alèses de protection

Il existe des alèses jetables pour la protection du lit et du fauteuil mais aussi des alèses imperméabilisées lavables à hautes températures. Le plus souvent, à domicile une alèse jetable est placée sous le siège de la personne, ce qui permet de protéger le drap du dessous et évite de le remplacer à chaque change. Elles permettent aussi de rassurer des personnes souffrant de fuites urinaires occasionnelles ou peu importantes.
Néanmoins, les alèses jetables représentent un coût élevé pour les usagers.

Alèse jetable

Alèse lavable

4 Surlignez les situations où la mise en place d'une alèse jetable est préconisée.

– M. Pontis utilise l'urinal assis au fauteuil mais ses mains tremblent.
– Mme Yopi a des selles liquides et très abondantes depuis ce matin, elle n'a pas souhaité se lever.
– M. Nioga, autonome, a des fuites urinaires lorsqu'il tousse.
– Mme Kapu est continente mais elle craint toujours d'avoir de petites pertes d'urines lors de son sommeil.
– M. Juano souffre d'incontinence urinaire nocturne, il porte un slip absorbant pour la nuit.

5 Justifiez l'utilisation d'une alèse jetable en structure.

....

....

....

ACTIVITÉ 2 : L'incontinence urinaire

Document 3 Les types d'incontinence urinaire

L'incontinence urinaire est définie par l'incapacité à contrôler ses sphincters vésicaux, ce qui provoque une perte involontaire d'urines le jour et/ou la nuit.
Il existe plusieurs types d'incontinence :
- Incontinence urinaire d'effort : elle se manifeste par des fuites urinaires provoquées par des gestes de la vie de tous les jours : rire, tousser, éternuer ou courir.
- Incontinence urinaire par impériosité ou incontinence d'urgence : elle se traduit par une perte involontaire d'urines accompagnée ou immédiatement précédée par un besoin impérieux d'uriner.
- Incontinence urinaire mixte : dans ce cas, les deux types d'incontinences urinaires citées ci-dessus sont présentes.
- Incontinence urinaire par regorgement : elle se retrouve surtout chez l'homme, elle est due à une rétention chronique d'urine, qui en maintenant la vessie toujours pleine, la fait déborder.
- Incontinence urinaire fonctionnelle : elle est la conséquence de certains troubles physiques ou mentaux qui empêchent une personne de se rendre aux toilettes à temps (maladie d'Alzheimer, de Parkinson, AVC, etc.).
- Incontinence totale : il s'agit d'une perte continue et non contrôlée des urines.

1 Définissez l'incontinence urinaire.

....

....

2 Surlignez les différents types d'incontinence dans le document 3.

Document 4 Prévalence de l'incontinence urinaire

La prévalence de l'incontinence urinaire, c'est-à-dire le nombre de personnes atteintes d'incontinence peut concerner tous les âges de la vie, hommes et femmes confondus mais s'élève avec l'avancée en âge : 10 % des sujets de 70 ans à 75 ans en souffrent et 25 % des plus de 85 ans. Cette prévalence augmente considérablement lorsque l'on étudie la population âgée qui vit en institution, elle s'élève entre 50 à 70 %.
Lors du vieillissement de l'appareil urinaire, la vessie perd de son élasticité et le muscle de sa paroi devient moins tonique, la contraction du muscle du plancher pelvien et le tonus sphinctérien diminuent.
Les femmes sont plus touchées par l'incontinence que les hommes du fait de la spécificité anatomique de leur périnée, de la maternité et de la ménopause qui peuvent causer un relâchement des tissus et des muscles.
Contrairement aux idées reçues, cette affection ne concerne pas uniquement les personnes âgées, elle touche près de 4 millions de personnes en France dont 3/4 de femmes et parmi ces femmes 2/3 ont moins de 55 ans.
Depuis plusieurs années, L'Association Française d'Urologie organise une semaine nationale pour informer et guider les personnes atteintes d'incontinence afin d'avoir une meilleure qualité de vie mais aussi pour lever le tabou lié à l'incontinence urinaire.

3 Expliquez l'augmentation de la prévalence de l'incontinence urinaire avec l'avancée en âge.

....

....

4 Expliquez pourquoi la prévalence de l'incontinence urinaire augmente en institution.

....

....

....

5 Citez les facteurs qui justifient une atteinte d'incontinence urinaire plus importante chez la femme que chez l'homme.

....

....

....

....

6 Surlignez les objectifs de la semaine nationale de l'incontinence urinaire organisée par l'Association Française d'Urologie dans le document 4.

Document 5 Prévention de l'incontinence urinaire

Mesures préventives	Justifications
....	Le surplus de poids exerce sur la vessie et les muscles qui l'entourent une pression constante.
....	Les femmes enceintes et ayant accouché ont intérêt à pratiquer les exercices de rééducation pour prévenir l'affaiblissement des muscles du plancher pelvien.
Prévenir et soigner les troubles de la prostate.	La prostatite, l'hypertrophie de la prostate ou le cancer de la prostate peuvent occasionner de l'incontinence.
....	Une toux chronique liée au tabac peut entraîner une incontinence occasionnelle ou aggraver une incontinence existante.
....	Tant chez l'homme que chez la femme, la constipation peut causer de l'incontinence. Le rectum étant situé derrière la vessie, des selles bloquées risquent d'exercer une pression sur la vessie, donc de provoquer des pertes d'urine.
Surveiller sa médication et informer son médecin traitant.	Des médicaments (antihypertenseurs, antidépresseurs, relaxants musculaires, les somnifères…) peuvent, selon le cas, causer ou aggraver l'incontinence.
....	Il est important de boire suffisamment, sinon l'urine devient très concentrée, et peut irriter la vessie et déclencher une incontinence par impériosité.
....	Les personnes atteintes d'incontinence urinaire d'urgence doivent réduire ou éviter la consommation d'agrumes, de chocolat, de café, de thé, de tomates et de mets épicés car ces produits sont irritants pour la vessie et ils stimulent donc sa contraction.
Prévenir et traiter les infections urinaires.	Une infection urinaire peut provoquer des pertes d'urine. Il faut veiller à prévenir les infections urinaires et les traiter rapidement.

7 À l'aide des justifications présentées dans le tableau ci-dessus, citez les mesures préventives concernant l'incontinence urinaire.

Document 6 Retentissements psycho sociaux de l'incontinence urinaire

La répercussion de l'incontinence urinaire sur la qualité de vie des patients porteurs de ce handicap est une évidence, elle se manifeste par des conséquences psychologiques et sociales multiples :
- Une diminution voire un arrêt de la vie sociale justifiés par les besoins fréquents d'uriner et la crainte de ne pouvoir se retenir ou de trouver à temps des toilettes.
- Un repli sur soi pouvant conduire à un état dépressif.
- Un emploi du temps adapté avec parfois des refus de sortie et un ajustement des horaires qui sont très contraignants.
- Un rejet par les autres qui peut conduire parfois à l'exclusion sociale.
- Un coût économique non négligeable car les protections sont relativement onéreuses.
- Une perte d'estime de soi, la personne a souvent l'impression de régresser en enfance.
- Un sentiment de honte associée à la peur que les autres sachent ou perçoivent des odeurs.

8 Soulignez en bleu les conséquences psychologiques et en rouge les conséquences sociales pour une personne souffrant d'incontinence urinaire.

Chapitre 7

La toilette complète au lit

OBJECTIFS

C 3.3.2 S 3.2.1 C 3.3.6 S 3.2.13

- Aider à la toilette complète au lit de l'adulte.
- Installer ou aider à mobiliser une personne avec du matériel spécifique à la mobilisation et à l'aide au lever.

Situation professionnelle

Avec l'infirmière du SSIAD (service de soins infirmiers à domicile) de Toulon, vous vous rendez chaque jour chez M. Chambon pour réaliser la toilette complète au lit avant l'arrivée du kinésithérapeute.
Cet usager de 75 ans, victime d'un accident vasculaire cérébral, a pour séquelle une hémiplégie droite. Il exprime la non acceptation de sa maladie par des colères, il se montre très peu coopérant lors des soins. Concernant, l'élimination, il utilise l'urinal. Il aime se parfumer et se laver les mains avant sa toilette.
Ce matin, 15 juin à 8 h 30, vous réalisez la toilette complète au lit de M. Chambon et son lever au fauteuil avec le lève malade, en binôme avec l'infirmière. Son état cutané est bon, mais il manifeste sa colère par des mouvements brusques et des regards sombres.

Analyse de la situation

♦ Contexte professionnel (où ? quand ?)

....

....

♦ Présentation de l'usager (à qui ?)

Identité, âge, pathologie(s) : ....

Degré d'autonomie : ....

Habitudes de vie : ....

Analyse de ses besoins fondamentaux et actions proposées/envisagées

Besoins fondamentaux perturbés	Manifestations de dépendance et/ou pathologies	Actions des professionnels et de l'élève
....		....
....		....
....	....	....
....		....
....		....

Planification chronologiquedes actions à effectuer pour l'élève

....

....

....

Étapes du soin : La toilette complète au lit

✓ *S'informer :*

....

....

✓ *Préparer :*

– **se préparer :** tenue professionnelle et hygiène des mains.

– installer et organiser le matériel et les produits :

✓ *Réaliser :*

Réaliser la technique en suivant les indications de la fiche page 55.

Indiquer les critères de qualité concernés par les différentes étapes.

✓ *Ranger le matériel et l'espace.*

✓ *Faire la transmission écrite sur le cahier de transmissions et/ou orale si besoin :*

....

....

....

✓ *Évaluer sa prestation avec le professionnel qui encadre.*

Fiche technique

La toilette complète au lit chez l'adulte

Objectifs du soin :

- Maintenir la propreté de la peau et lui permettre d'assurer ses rôles protecteur et régulateur.
- Vérifier l'état cutané et prévenir l'apparition de lésions (irritations, escarres).
- Contribuer au bien-être physique et moral.
- Établir une relation privilégiée permettant une meilleure connaissance de la personne soignée.

Matériel et produits (à sélectionner suivant la situation)

Toilette complète au lit	Prévention de la contamination	Gestion du linge et des déchets
• Cuvette • 2 ou 3 gants ou gants à usage unique • 2 serviettes (gant à l'endroit et serviette de couleur claire pour le haut du corps, gant à l'envers et serviette de couleur foncée pour le bas du corps) • Savon • Produits spécifiques pour les soins annexes (visage, rasage, hygiène bucco-dentaire, coiffage, maquillage, etc.)	• Gants à usage unique, savon ou SHA • Tablier à usage unique **Prévention d'escarres** • Produit ou matériel selon prescription médicale **Linge** • Pyjama/chemise de nuit ou vêtement(s) • Alèse + drap(s) pour réfection du lit	• Sac poubelle (si besoin) • Sac à linge sale ou sac poubelle • Bac à linge **Hygiène de l'environnement** • Lavette • Détergent-désinfectant

Déroulement du soin	Critères de qualité	Évaluation
S'informer		
• Demander le soin à réaliser, les limites de compétences, les contre-indications et consignes spécifiques.	Com et S	
• S'informer des besoins, des habitudes, du degré d'autonomie de l'usager et le prévenir du soin qui va lui être fait.	S et C et Com	
Préparer		
• Vérifier sa tenue (tablier à usage unique) et réaliser l'hygiène des mains.	H et S	
• Allumer la présence.	Com	
• Vérifier l'environnement : portes et fenêtre fermées, température de la pièce à 20 °C, stock de matériel suffisant…	C et S	
• Bionettoyage des supports.	H et S	
• Installer et organiser le matériel, les produits et le linge.	H et Er	
• Demander à la personne si elle souhaite uriner.	C et Com	
• Régler le lit à bonne hauteur.	C, Er	
• Réaliser l'hygiène des mains.	H et S	
Réaliser		
Installer la personne :		
• Selon ses possibilités et/ou ses pathologies : en décubitus dorsal ou assise.	C et S	
• Ôter le dessus-de-lit et les couvertures.	C	
• Maintenir le drap de dessus en drap de pudeur ou l'enlever et se servir d'un drap de bain.	C	
• Réaliser l'hygiène des mains.	H et S	
Toilette du visage et cou, voir fiche Soin du visage, p. 37		

= matériel et/ou étape spécifiques à la structure

Déroulement du soin	Critères de qualité	Évaluation
Toilette du torse et de l'abdomen, des bras et des mains.		
• Déshabiller le haut du corps.	C	
• Placer la serviette sous le bras opposé au côté du soignant.	H	
• Laver l'hémithorax, le bras et la main les plus éloignés, en insistant sous les aisselles, et les seins chez la femme.	H	
• Rincer et sécher en tamponnant en insistant au niveau des aisselles et des seins. Procéder de la même façon pour le côté rapproché.	H, C et S	
• Recouvrir ou habiller le haut du corps.	C	
• Changer l'eau si besoin.	H et S	
Toilette des cuisses, jambes, pieds		
• Déshabiller le bas du corps.	C	
• Placer la serviette sous la jambe opposée.	H	
• Laver la cuisse, jambe et pied les plus éloignés, insister au niveau du genou, des orteils et espaces interdigitaux.	H	
• Rincer et sécher en tamponnant.	H, C et S	
• Procéder de la même façon pour le côté rapproché.		
Toilette des organes génitaux et du siège voir fiche Toilette génito-anale p. 47		
Toilette du dos		
• Changer l'eau.	H	
• Ôter les gants et réaliser l'hygiène des mains.	H et S	
• Installer la personne en décubitus latéral ou assise.	C et S	
• Protéger le lit avec la serviette du haut.	C	
• Savonner, rincer, sécher et éventuellement frictionner le dos.	H, C et S	
Habillage de la personne aidée (si non réalisé au fur et à mesure)		
Réfection du lit		
• Changer l'alèse et le drap dessous si nécessaire.	H et C	
• Réinstaller la personne selon ses souhaits et/ou sa pathologie.	C et S	
Soins annexes : Hygiène bucco-dentaire/coiffage/soin du visage, maquillage, rasage : voir p. 37	H, C et S	
Ranger		
• Évacuer le linge sale dans le sac poubelle ou dans le sac à linge.	H et S	
• Ranger le matériel, les produits et l'espace.	H et C	
• Bionettoyer les surfaces utilisées et éteindre la présence.	H, S et Com	
• Réaliser l'hygiène des mains.	H et S	
Transmettre		
• Noter le soin, l'état cutané, le comportement et la participation de la personne.	Com et S	
Évaluer		
• Faire le point sur sa prestation avec le professionnel qui encadre le soin.	Com	

Légende : H pour le critère **Hygiène**, S pour **Sécurité**, C pour **Confort**, Com pour **Communication**, Er pour **Ergonomie**.

L'ordre de lavage pour une toilette complète au lit varie suivant les possibilités de la personne et/ou ses pathologies.

ACTIVITÉ 1 : Le matériel d'aide aux transferts

Document 1 Caractéristiques et choix des aides techniques aux transferts

Différents types de matériels existent, en effet, les transferts peuvent être classés en trois grandes catégories :
- Les transferts autonomes : la personne utilise l'aide technique seule.
- Les transferts semi-aidés : le patient participe à son transfert avec une aide humaine.
- Les transferts aidés : l'aidant assure seul le transfert avec l'aide technique, le patient étant en incapacité d'y participer.

Ces aides techniques permettent le changement de position et/ou de lieu d'un patient, ex. : se redresser dans le lit, passer du lit au fauteuil, se lever d'un siège…

L'aidant devra maîtriser parfaitement les techniques d'utilisation du matériel, les techniques de manutention, les risques liés à l'utilisation de ces aides, mais également, il doit connaitre le degré d'autonomie physique et psychique de la personne aidée afin de ne pas la mettre en danger et/ou se mettre en danger lui-même.

Le choix du matériel se fera en concertation avec un ou des professionnel(s) de santé (médecin, kinésithérapeute, ergothérapeute…) qui ont une bonne connaissance du patient.

Plusieurs critères sont à prendre en compte pour le choix de matériel :
- Les capacités motrices, cognitives et la morphologie (poids et taille) de la personne du patient.
- L'acceptation du patient à utiliser une aide technique.
- Le lieu de vie du patient.
- Le coût du matériel car toutes les aides ne permettent pas de bénéficier d'un remboursement par les caisses d'assurance maladie.

1 Citez les objectifs du matériel d'aide aux transferts.

....

....

....

2 Expliquez la différence entre un transfert semi-aidé et un transfert aidé et citez le point commun à ces deux types de transfert.

....

....

....

....

3 Surlignez dans le document les critères de choix du matériel de transfert.

4 Justifiez la nécessité de prendre en compte les deux critères de choix suivants.

L'acceptation du patient : ....

....

....

Le lieu de vie du patient : ....

....

....

Document 2 Les différents types de matériel d'aide aux transferts

Matériels d'aide aux transferts	Objectifs et conditions d'utilisation	Types de transferts
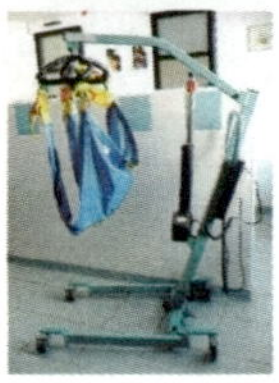	Il permet le transfert allongé à assis et inversement ou assis à assis sans passer par la position debout. Il s'utilise pour les transferts : lit-fauteuil, fauteuil-lit, toilettes, douche, installation sur une table d'examen. Certains modèles permettent de relever une personne au sol. Il existe des modèles manuels et des modèles électriques.	❑ Transfert autonome ❑ Transfert semi-aidé ❑ Transfert aidé
	Il permet le transfert assis-debout, c'est-à-dire d'un siège vers un autre siège (ou le bord du lit ou le siège des toilettes) en passant pas la position debout ou la station debout pour effectuer un soin (pansement, change, soin au lavabo). Le patient doit être en capacité de participer en utilisant ses membres supérieurs. Il existe des modèles manuels et des modèles électriques.	❑ Transfert autonome ❑ Transfert semi-aidé ❑ Transfert aidé
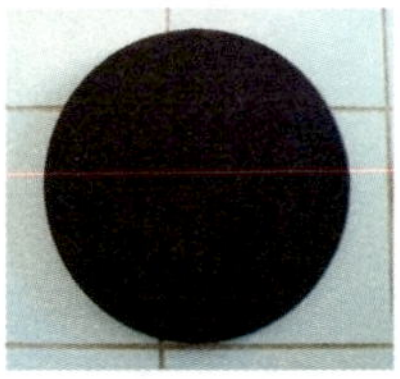	Il permet au patient de réaliser un quart de tour, ou un demi-tour, sur lui-même en position debout pour réaliser les transferts entre lit et fauteuil ou fauteuil roulant, fauteuil et toilettes... Convient aux personnes aptes à tenir debout mais qui n'ont pas la capacité de se mouvoir. Il peut être déconseillé aux personnes présentant des troubles de l'équilibre.	❑ Transfert autonome ❑ Transfert semi-aidé ❑ Transfert aidé
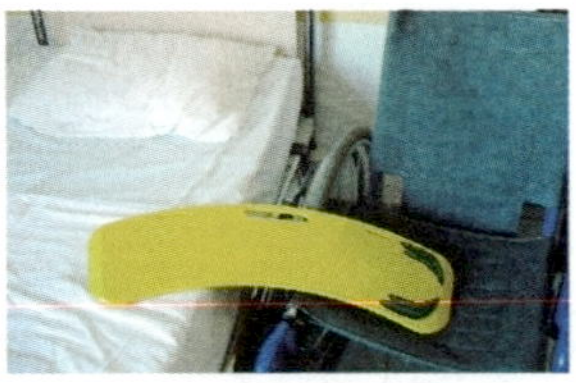	Elle permet au patient de se translater d'un support vers un autre sans passer par la position debout. Elle nécessite un bon tonus musculaire au niveau du tronc et des membres supérieurs. Elle se révèle très utile lors de transfert d'un fauteuil roulant à un siège voiture par exemple.	❑ Transfert autonome ❑ Transfert semi-aidé ❑ Transfert aidé
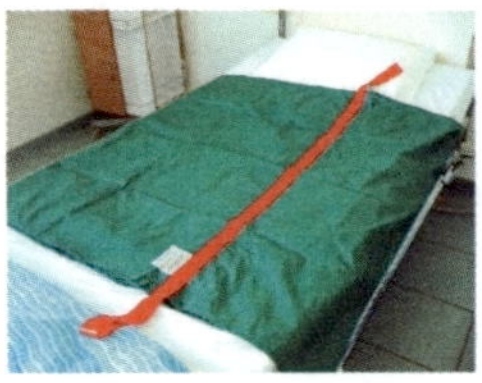	Il permet et facilite la translation (déplacement) horizontale d'un patient allongé du lit vers un brancard ou un chariot de douche et inversement. Il est souvent utilisé pour les transferts allongés de patients présentant une surcharge pondérale.	❑ Transfert autonome ❑ Transfert semi-aidé ❑ Transfert aidé
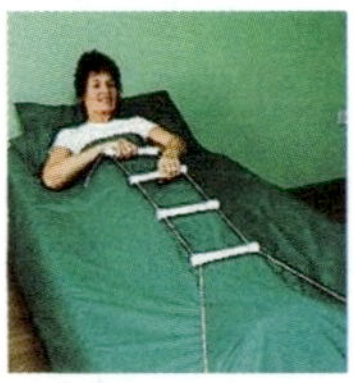	Elle s'utilise au lit et permet au patient en position allongée de se redresser et de s'asseoir dans le lit. Avec les deux mains, le patient fait des tractions progressives sur les barreaux de l'échelle permettant de se redresser. Elle nécessite un bon tonus des membres supérieurs. Elle peut remplacer le relève-buste d'un lit médicalisé.	❑ Transfert autonome ❑ Transfert semi-aidé ❑ Transfert aidé

5 Complétez le tableau du document 2 en :

– Nommant les aides techniques. Aidez-vous des mots : *Lève-personne, échelle de lit, planche de transfert, drap de transfert, verticalisateur, disque de pivotement.*

– Cochant le type de transfert concerné.

Document 3 Le lève-personne

Le lève-personne est un appareil qui permet de soulever, de transférer ou de déplacer une personne : handicapée, amputée des membres inférieurs, personne âgée souffrant de troubles de motricité, malade ou opéré récent trop faible pour se déplacer par lui-même, personne obèse… Il constitue, pour le personnel soignant et l'entourage, un moyen permettant de transférer seul et sans efforts physiques importants, une personne dans des conditions optimales de confort et de sécurité pour cette dernière.

Les lève-personnes sont utilisés dans des établissements collectifs et à domicile pour des opérations telles que le transfert d'un lit à un fauteuil, aux toilettes, à une baignoire. La norme harmonisée NF EN ISO 10535 « Lève-personnes pour transférer des personnes handicapées » définit des exigences de stabilité et de résistance.

Il existe différents types de lève-personnes :

- les lève-personnes mobiles, qui peuvent être déplacés librement sur le sol ;
- les lève-personnes fixés au plafond : lève-personnes aériens comprenant un système de cheminement (rail de transfert).

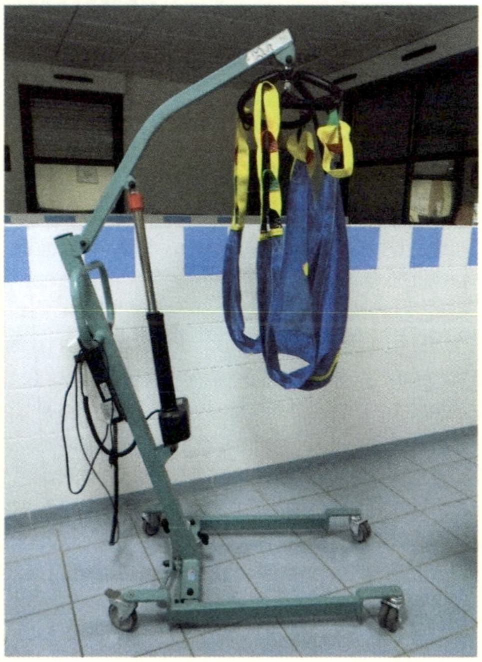

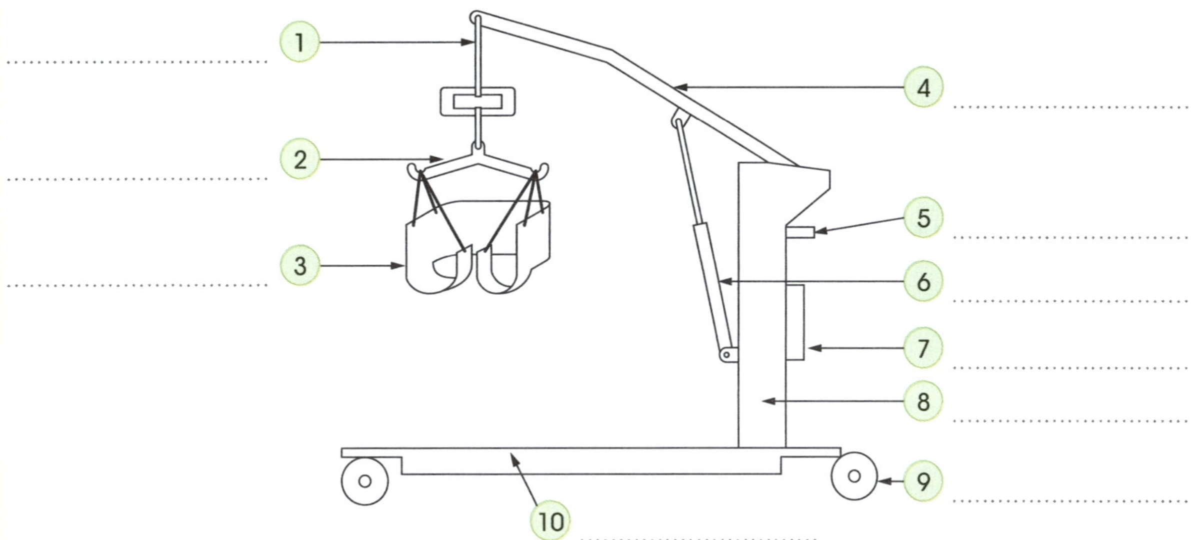

6 **Annotez le schéma du lève-personne mobile en utilisant le vocabulaire suivant :**

bras de levage – verin – batterie – axe de suspension – poignée – barre de préhension – hamac de soutien – mât – roulette – base.

7 **Expliquez la fonction d'un lève-personne.**

……………………………………………………………………………………

8 **Surlignez la norme à laquelle doit répondre le fabriquant d'un lève-personne et la justifier.**

……………………………………………………………………………………

ACTIVITÉ 2 : La relation soignant/soigné lors de la toilette

Document 4 Les objectifs de la toilette

La toilette représente environ la moitié du temps de la relation soignant-soigné.
Aussi, ce soin qui revêt un caractère très intime et intrusif doit viser plusieurs objectifs et ne pas se résumer à l'hygiène et la propreté, il faut privilégier également ce temps de soin pour favoriser :
- Une communication verbale : établir une communication par la parole même si la personne n'est pas en capacité de comprendre, il est très important de mettre des mots sur les gestes que l'on fait afin de la rassurer. Le silence ou l'indifférence du soignant est source d'angoisse pour le soigné.
- Une communication non verbale : elle va s'exprimer par le toucher, les gestes devront être doux et rassurants d'où l'importance de maîtriser parfaitement les techniques de soins afin de ne pas être uniquement centré sur la technicité et le protocole.
- La réhabilitation du patient : c'est un moment privilégié pour que le patient utilise ses capacités restantes, d'où l'intérêt de prendre le temps de « faire-faire » ou « faire avec » afin de conserver l'autonomie restante ou restaurer l'autonomie perdue. Le patient peut ainsi avoir conscience que son corps existe.
- Le confort du patient : la pudeur devra être respectée quel que soit le degré d'autonomie psychique de la personne. Ce soin doit être un moment de détente du corps et de l'esprit, cela sera possible uniquement si le soignant est centré sur le patient et non sur sa technique de soin ou tout autre préoccupation personnelle.
- L'observation et le recueil de données : c'est un temps fort où la relation soignant/soigné peut permettre au soigné de se livrer, d'exprimer son ressenti, d'exposer ses craintes, ses interrogations… Grâce à une observation et une écoute attentives, le soignant pourra recueillir des informations capitales qui seront transmises à l'équipe afin d'améliorer ou réévaluer la prise en charge du patient.

1 Surlignez les différents objectifs de la toilette à mettre en œuvre.

2 Expliquez pourquoi ce soin, la toilette, présente un caractère très intime et intrusif pour la personne.

....

....

....

....

....

....

....

....

....

Chapitre 8

La douche et le bain chez l'adulte semi-autonome

OBJECTIFS

C 3.3.2 S 3.2.1 C 3.3.8

- Aider à la douche, au bain de l'adulte.
- Proposer des aménagements des espaces pour favoriser l'autonomie de la personne et prévenir les accidents domestiques.

Situation professionnelle

Une auxiliaire de vie sociale de l'ASSAD de Bayonne intervient de 18 h à 19 h chaque soir pour une aide à la douche de Guillaume 22 ans, atteint de trisomie 21 qui vit chez ses parents M. et Mme Prado.
Cette aide à la toilette a lieu en fin de journée car Guillaume se rend chaque jour au foyer de vie « La Roseraie » en accueil de jour. Ce 28 novembre à 18 h 15, l'AVS vous autorise à aider Guillaume à prendre sa douche car sinon il oublie de se laver certaines parties du corps. Il est très content de vous voir mais vous parle en marmonnant. Guillaume a des difficultés à articuler les mots correctement. Vous l'aidez à s'installer pour la douche, le stimulez et l'encouragez pour qu'il parvienne à faire seul sa toilette, mais surtout vous veillez à sa sécurité car il n'a pas conscience des dangers potentiels. Après la douche, il met son pyjama et sa robe de chambre seul. Guillaume a mis en place certains rituels qui le rassurent : la porte de la salle de bain doit toujours être ouverte, sa serviette posée à droite du lavabo.
Vous réalisez l'entretien de la salle de bain et mettez en marche la machine à laver.

Analyse de la situation professionnelle

♦ **Contexte professionnel (où ? quand ?)**

....

....

♦ **Présentation de l'usager (à qui ?)**

Identité, âge, pathologie(s) : ....

Degré d'autonomie : ....

Habitudes de vie : ....

♦ Analyse de ses besoins fondamentaux et actions proposées/envisagées

Besoins fondamentaux perturbés	Manifestations de dépendance et/ou pathologies	Actions des professionnels et de l'élève
....	....	....
....	....	....
....	....	....

♦ Planification chronologique des actions à effectuer par l'élève

....

....

....

....

♦ Étapes du soin : La douche/le bain chez l'adulte semi-autonome

✓ *S'informer :*

....

....

✓ *Préparer :*

Se préparer : tenue professionnelle et hygiène des mains.

Installer et organiser le matériel et les produits.

✓ *Réaliser :*

Réaliser la technique en suivant les indications de la fiche page 63.

Indiquer les critères de qualité concernés par les différentes étapes.

✓ *Ranger le matériel et l'espace.*

✓ *Faire la transmission écrite sur le cahier de transmissions et/ou orale si besoin :*

....

....

....

....

✓ *Évaluer sa prestation avec le professionnel qui encadre.*

Fiche technique

La douche chez l'adulte semi-autonome

Objectifs du soin :

- Assurer l'hygiène et le confort de la personne.
- Contribuer au bien-être physique et moral.

Matériel et produits (à sélectionner suivant la situation)

Douche	Prévention de la contamination	Gestion du linge et des déchets
• 1 ou 2 ou gants à usage unique • 1 drap de bain ou 2 serviettes • Savon, shampoing • Produits spécifiques pour les soins annexes (visage, rasage, hygiène bucco-dentaire, coiffage, maquillage, etc.)	• Gants à usage unique, savon ou SHA • Tablier à usage unique si nécessaire	• Sac poubelle (si besoin) • Sac à linge sale ou sac poubelle • Bac à linge
Linge	**Matériel spécifique pour la sécurité**	**Hygiène de l'environnement**
• Vêtement(s) propre(s)	• Tapis de sol antidérapant • Tapis anti dérapant pour la douche • Barre d'appui, siège de douche • Chaise protégée pour déshabillage et habillage	• Lavette • Détergent-désinfectant

Déroulement du soin	Critères de qualité	Évaluation
S'informer		
• Demander le soin à réaliser, les limites de compétences, les contre-indications et consignes spécifiques.	Com et S	
• S'informer des besoins, des habitudes, du degré d'autonomie de l'usager et le prévenir du soin qui va lui être fait.	S et C et Com	
Préparer		
• Vérifier sa tenue (tablier à usage unique) et réaliser l'hygiène des mains.	H et S	
• Allumer la présence.	Com	
• Vérifier l'environnement : portes et fenêtres fermées, température de la pièce à 22 °C.	C et S	
• S'assurer que la douche est propre et installer les deux tapis antidérapant.	H et S	
• Installer les vêtements propres sur une chaise et mettre le drap de bain sur le radiateur.	H, C et Er	
• Demander à la personne si elle souhaite uriner.	C	
• Réaliser l'hygiène des mains.	H et S	
Réaliser **L'aidant doit être présent tout au long de la douche.**	S	
Déshabiller dans la salle de bains et installer la personne dans la douche		
• Aider la personne à se déshabiller et à entrer dans la douche.	C et S	
• Si la personne est souillée, procéder à une toilette du siège au lavabo avant la douche.	H et C	
• Installer la personne selon ses possibilités : si debout lui demander de se tenir à la barre d'appui, si assise : la faire asseoir sur le siège de douche.	C et S C et S	
• Régler le mitigeur : température et jet, mouiller corps et cheveux (si shampoing nécessaire).	C et S	

= matériel et/ou étape spécifiques à la structure

Déroulement du soin	Critères de qualité	Évaluation
• Mettre la poire de douche dans un gant si la pression est trop forte.	C et S	
Réaliser la toilette		
• Réaliser l'hygiène des mains + mettre des gants à usage unique.	H et S	
• Stimuler la personne à faire tout ce qu'elle peut seule et guider ses gestes.	Com, C et H	
• Savonner et essorer le gant si nécessaire.	H	
• Procéder au lavage dans un ordre logique :		
– Laver les cheveux (2 fois par semaine minimum) et rincer.	H	
– Toilette du visage et cou : avec ou sans savon selon les souhaits de la personne.	H	
– Toilette du torse et de l'abdomen, des bras et des mains, du dos.	H	
– Toilette des cuisses, jambes, pieds et toilette des organes génitaux et du siège : si utilisation de 2 gants, prendre le gant pour le bas du corps.	H	
• Ôter les gants + hygiène des mains.	H et S	
Rincer du haut du corps vers le bas.	H	
Aider et soutenir la personne pour sortir de la douche.	C et S	
Sécher par tamponnements et éventuellement frictionner le dos.	C et S	
Habillage de la personne aidée sur le tapis de sol ou sur une chaise si besoin.	C et S	
Soins annexes : Hygiène bucco-dentaire/coiffage…	H, C et S	
Ranger		
• Évacuer le linge sale dans le sac poubelle ou dans le sac à linge.	H et S	
• Ranger le matériel, les produits et l'espace et bionettoyer les surfaces utilisées : douche, siège.	H, C et S	
• Réaliser l'hygiène des mains.	H et S	
• Éteindre la présence.	Com	
Transmettre		
• Noter le soin, l'état cutané, le comportement et la participation de la personne.	Com et S	
Évaluer		
• Faire le point sur sa prestation avec le professionnel qui encadre le soin.	Com	

Légende : H pour le critère **Hygiène**, S pour **Sécurité**, C pour **Confort**, Com pour **Communication**, Er pour **Ergonomie**.

Recommandations lors de l'aide ou de la réalisation de la toilette :
- Communiquer avec tact et professionnalisme avec la personne tout au long de ce soin qui est intime.
- Vérifier l'état cutané et faire la prévention d'escarres sur les points d'appui.
- Favoriser le maintien de l'autonomie de la personne aidée en faisant « faire faire » et/ou « faire/avec ».

Fiche technique

Le bain chez l'adulte semi-autonome

Objectifs du soin :

- Assurer l'hygiène et le confort de la personne.
- Favoriser la détente physique et psychique.

Matériel et produits (à sélectionner suivant la situation)

Bain :	Matériel spécifique pour la sécurité	Gestion du linge et des déchets
• 1 ou 2 gants • 1 drap de bain ou 2 serviettes • Savon • Produits spécifiques pour les soins annexes (visage, rasage, hygiène bucco-dentaire, coiffage, maquillage, etc.)	• Tapis de sol antidérapant • Tapis anti dérapant pour la baignoire • Barre d'appui • Planche de bain ou siège pivotant • Chaise protégée pour déshabillage et habillage	• Sac poubelle (si besoin) • Sac à linge sale ou sac poubelle • Bac à linge
Linge	**Prévention de la contamination**	**Hygiène de l'environnement**
• Vêtement(s) propres	• Gants à usage unique, savon ou SHA • Tablier à usage unique si nécessaire	• Lavette • Détergent-désinfectant

Déroulement du soin	Critères de qualité	Évaluation
S'informer		
• Demander le soin à réaliser, les limites de compétences, les contre-indications et consignes spécifiques.	Com et S	
• S'informer des besoins, des habitudes, du degré d'autonomie de l'usager et le prévenir du soin qui va lui être fait.	S, C et Com	
Préparer		
• Vérifier sa tenue (tablier à usage unique) et réaliser l'hygiène des mains.	H et S	
• Allumer la présence.	Com	
• Vérifier l'environnement : portes et fenêtres fermées, température de la pièce à 22 °C.	C et S	
• S'assurer que la baignoire est propre et installer les deux tapis antidérapants et planche de bain si besoin, fermer la bonde et remplir la baignoire à moitié d'eau. (38 °C).	H et S	
• Installer les vêtements propres sur une chaise et mettre le drap de bain sur le radiateur.	H, C et Er	
• Demander à la personne si elle souhaite uriner.	C	
• Réaliser l'hygiène des mains	H et S	
Réaliser **L'aidant doit être présent tout au long du bain.**	S	
Déshabiller dans la salle de bains et installer la personne dans la baignoire		
• Aider la personne à se déshabiller (si la personne est souillée, procéder à une toilette du siège au lavabo avant le bain).	H et C	
• Installer la personne selon ses possibilités : en position assise sur la planche de bain ou allongée dans un hamac.	C et S	
• Régler le mitigeur : température et jet.	C et S	
• Mouiller les parties du corps non immergées : mettre la poire de douche dans un gant si la pression est trop forte.	C et S	

= matériel et/ou étape spécifiques à la structure

Déroulement du soin	Critères de qualité	Évaluation
Réaliser la toilette		
• Réaliser l'hygiène des mains + mettre des gants à usage unique.	H et S	
• Stimuler la personne à faire tout ce qu'elle peut seule et guider ses gestes.	C, H et Com	
• Savonner et essorer le gant si nécessaire.	H	
• Procéder au lavage dans un ordre logique : voir fiche technique de la douche p. 63	H, C et S	
• Ôter les gants + hygiène des mains.	H et S	
• Le shampoing s'effectuera en dernier, masser le crâne délicatement afin de favoriser la détente et le bien-être.	H et C	
• Vider la baignoire et procéder au rinçage du haut du corps vers le bas.	H	
Aider et soutenir la personne pour sortir de la baignoire.	C et S	
Sécher par tamponnements et éventuellement frictionner le dos.	C et S	
Habillage de la personne aidée sur le tapis de sol ou sur une chaise si besoin.	C et S	
Soins annexes : Hygiène bucco-dentaire/coiffage…	H, C et S	
Ranger		
• Évacuer le linge sale dans le sac poubelle ou dans le sac à linge.	H et S	
• Ranger le matériel, les produits et l'espace et bionettoyer les surfaces utilisées : baignoire, planche de bain…	H, C et S	
• Réaliser l'hygiène des mains.	H et S	
• Éteindre la présence.	Com	
Transmettre		
• Noter le soin, l'état cutané, le comportement et la participation de la personne.	Com et S	
Évaluer		
• Faire le point sur sa prestation avec le professionnel qui encadre le soin.	Com	

Légende : H pour le critère **Hygiène**, S pour **Sécurité**, C pour **Confort**, Com pour **Communication**, Er pour **Ergonomie**.

ACTIVITÉ 1 : Les chutes

Document 1 Statistiques et conséquences des chutes

L'Institut de Veille Sanitaire réalise chaque année une estimation du nombre d'accidents de la vie courante à partir d'un relevé réalisé dans différents hôpitaux français.

Plus on vieillit, plus le pourcentage des chutes est important. Chez les plus de 65 ans, les chutes sont très fréquentes et leur taux de mortalité est élevé : 30 % des plus de 65 ans chutent au moins une fois par an ; ce chiffre passe à 50 % pour les plus de 80 ans.

La majorité des chutes se produit dans la maison ou son voisinage proche, mais elles prédominent dans la chambre, la salle de bains ou les toilettes. Le nombre de chutes est encore plus important en institution, son incidence est supérieure à 60 % contre 50 % à domicile.

Les chutes exposent à des conséquences immédiates, mais lors du vieillissement, des conséquences secondaires, des conséquences psychomotrices et sociales se cumulent. Pour les conséquences immédiates, les complications traumatiques, notamment les fractures du fémur, sont les plus fréquentes. Les complications secondaires sont liées à la fois au maintien au sol prolongé et au fait que la personne ne peut plus bouger, une mortalité importante est constatée. Le syndrome post chute est la conséquence psychomotrice la plus fréquente, il s'agit d'une perte de l'adaptation posturale et d'une difficulté à se maintenir debout (orthostatisme) générées par l'anxiété et la peur de rechuter. Ce syndrome post chute peut conduire à la grabatisation. Enfin la peur de marcher et/ou les séquelles fonctionnelles de la chute limitent les déplacements et peuvent entraîner une diminution des contacts sociaux.

Dans certains cas, les chutes répétées ont un retentissement social important et rendent le maintien à domicile difficile voire impossible : c'est souvent ce qui décide la personne ou sa famille à une entrée en institution.

Document réalisé à partir du site : www.protec-chute.com

1 Surlignez le pourcentage de chutes chez les plus de 65 ans et les plus de 80 ans.

2 Citez les lieux les plus fréquents où se produisent les chutes dans le domicile.

....

3 Listez, dans le tableau suivant, des exemples de complication ou retentissement pour chaque type de conséquences à l'aide du document 1 et de vos connaissances.

Types de conséquences	Exemples de complication ou retentissement
Immédiates	....
Secondaires	....
Psychomotrices	....
Sociales	....

Document 2 Les facteurs de risque

Différents facteurs identifiés sont responsables de chutes : les facteurs intrinsèques et les facteurs extrinsèques, ils peuvent se potentialiser entre eux.

Facteurs intrinsèques	Facteurs extrinsèques
• Fonte de la masse musculaire, altération du cartilage articulaire, diminution du tissu osseux et tassements vertébraux qui occasionnent des troubles de la marche et de l'équilibre postural. • Atteintes sensorielles : vieillissement de l'oreille interne qui gère l'équilibre ; diminution de la vue qui fournit des repères dans l'espace ; le toucher avec l'altération de la proprioception. • Réduction de la capacité ventilatoire qui diminue la capacité de l'organisme à s'adapter aux situations d'effort. • Ralentissement du débit et de la fréquence cardiaque : hypertension artérielle, hypotension orthostatique. • L'incontinence urinaire par impériosité qui exige des déplacements précipités. • Pathologies neuropsychiatriques, oculaires, ostéo-articulaires.	• Comportementaux : la consommation d'alcool, la sédentarité, la malnutrition, un mauvais chaussage ou les pieds nus, les vêtements trop longs, les ourlets défaits, les pantalons mal ajustés à la taille. • La polymédication avec un risque important avec les psychotropes, les antihypertenseurs, les hypoglycémiants. • Environnementaux : éclairage insuffisant ou mal disposé, un sol glissant, des obstacles sur le sol ou meubles qui entravent la circulation, agencement de lieu de vie inadapté (escaliers…).

Document réalisé à partir du site : www.protec-chute.com

4 **Listez les différents appareils et systèmes pouvant être identifiés comme des facteurs intrinsèques de chute chez la personne âgée.**

....

....

....

....

....

....

5 **Expliquez simplement pourquoi ces appareils et systèmes peuvent être mis en cause lors de chutes.**

....

6 **Différenciez les termes : facteurs intrinsèques et facteurs extrinsèques.**

....

....

7 **Citez les facteurs extrinsèques sur lesquels le soignant peut mettre en place des actions préventives ou correctives.**

....

....

....

....

....

ACTIVITÉ 2 : Aménagement et sécurisation de la salle de bains

Document 3 Le matériel spécifique d'aide à la douche et au bain

Différentes aides techniques et matériels permettent de sécuriser l'accès à la douche et à la baignoire. Les patients en perte d'autonomie ou présentant des problèmes de l'équilibre peuvent bénéficier des avantages d'une douche ou d'un bain.

Matériels d'aide à la douche et au bain	Caractéristiques, objectifs et conditions d'utilisation	Personnes concernées
	.... C'est la plus utilisée tant pour la douche que le bain. Elle permet à la personne d'avoir un appui stable en position debout, facilite l'entrée et la sortie dans la baignoire ou la douche, le passage de la position assise à debout et inversement. Les barres d'appui peuvent être fixes ou à ventouses (les barres à ventouses sont à utiliser avec beaucoup de prudence).	❑ autonomes ❑ semi-autonomes ❑ dépendantes
	.... Elle est fixée sur le rebord, elle permet d'enjamber la baignoire en complément d'un marche pied et d'un tapis antidérapant, elle limite les déséquilibres au moment d'entrer et sortir de la baignoire. Il existe différents modèles : avec fixation sur la paroi de la baignoire, ou fixation au sol. Les pièces de la barre sont antidérapantes.	❑ autonomes ❑ semi-autonomes ❑ dépendantes
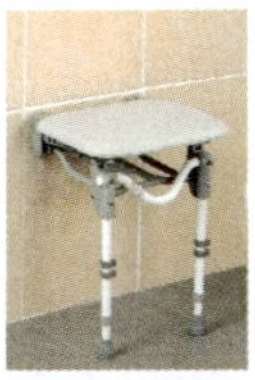 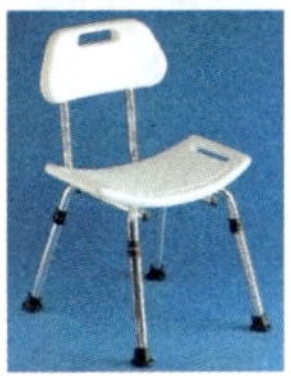	Il existe différents modèles qui sont destinés à éviter de glisser dans sa douche et permettent de se laver assis confortablement installé. .... Il doit posséder des pieds antidérapants, certains modèles sont rabattables. .... Elle dispose d'un dossier et d'accoudoirs ou poignées encastrées pour accroître le confort et faciliter la levée et l'assise dans sa douche.	❑ autonomes ❑ semi-autonomes ❑ dépendantes
	.... Il facilite l'accès à la baignoire en permettant d'enjamber le rebord de la baignoire tout en restant assis. Il se fixe sur le rebord latéral de la baignoire, pivote de l'extérieur vers l'intérieur et possède une assise perforée en PVC qui se pose sur la baignoire. Ce siège limite les risques de chute ou de perte d'équilibre dans la baignoire.	❑ autonomes ❑ semi-autonomes ❑ dépendantes
	.... Elle permet un accès facilité à la baignoire, tout en restant assis, le patient peut enjamber le rebord de la baignoire. Planche en PVC de forme rectangulaire, perforée pour faciliter l'écoulement de l'eau, conçue avec ou sans poignée. La barre permet une traction et un appui efficaces pour se redresser et se mettre debout.	❑ autonomes ❑ semi-autonomes ❑ dépendantes

1 Complétez le tableau du document 3 en :

- Nommant les aides techniques. S'aider des mots : *barre d'appui de baignoire – siège de bain – siège de douche – chaise de douche – barre d'appui murale – planche de bain.*
- Surlignant les objectifs de chacun des matériels.
- Cochant le type de personnes concernées par chacun des matériels.

Document 4 La baignoire à porte

Matériels	Caractéristiques et avantages
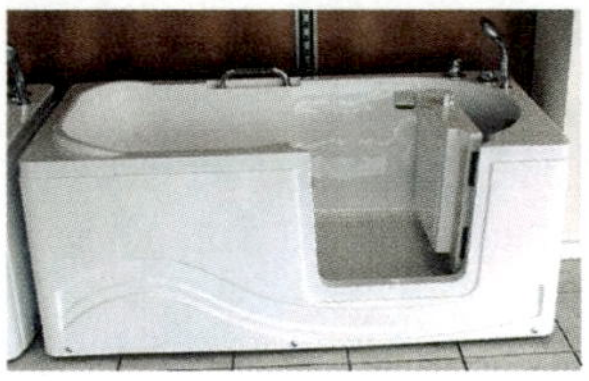	**La baignoire à porte** Elle est équipée d'une porte qui permet de ne plus avoir à enjamber la paroi et évite donc les chutes. Elle est adaptée pour que son utilisateur puisse prendre des bains, comme des douches, en restant debout ou en utilisant un siège adapté. **Avantages :** ....

2 Complétez le tableau du document 4 en indiquant les avantages de la baignoire à porte pour l'usager.

3 Cochez le type de personnes concernées par la baignoire à porte :

❏ autonomes

❏ semi-autonomes

❏ dépendantes

Document 5 Sécurisation de la salle de bains

Le matériel et les aides techniques spécifiques à la douche ou au bain ne suffisent pas à sécuriser totalement la salle de bains qui est un lieu de chute très fréquent pour les personnes âgées.
Différents éléments peuvent être mis en cause lors de glissades et chutes dans la salle de bains : le revêtement de sol, les obstacles à terre, l'éclairage du lieu de vie mais on constate également que la personne âgée ne sécurise pas suffisamment ses déplacements. Afin d'optimiser la sécurité de cet espace, différentes mesures de précautions doivent être mises en œuvre par les intervenants à domicile.

4 Présentez une mesure de précaution à mettre en œuvre pour chacun des facteurs cités.

Le revêtement de sol :

....

Les obstacles à terre :

....

....

L'éclairage du lieu de vie :

....

La sécurité des déplacements :

....

....

Chapitre 9

Le pédiluve

OBJECTIF

C 3.3.2 S 3.2.1

- Réaliser un pédiluve.

Situation professionnelle

L'ADMR de Saint Sylvestre intervient dans 116 foyers, pour la majorité des personnes âgées vivant dans des maisons en milieu rural. Son personnel est composé de 31 salariés dont 6 AVS. Vous intervenez avec votre tutrice, cet après-midi d'avril chez Madame Bloom, 89 ans, qui est diabétique et souffre également d'insuffisance veineuse. Elle se plaint aujourd'hui de lourdeurs des jambes et de gonflements malgré ses bas de contention. Elle a du mal à marcher avec son déambulateur et depuis quelques jours, elle ne veut plus sortir pour sa promenade quotidienne. Il est 15 h, l'infirmière a laissé un mot dans le cahier de liaison, elle vous demande d'installer Madame Bloom au fauteuil et de réaliser un pédiluve avant de lui servir son goûter. Elle vous autorise à faire un massage léger mais vous demande de ne pas prendre de l'eau trop chaude, de ne pas couper ses ongles et de vérifier qu'il n'y a pas de plaies entre les orteils. Durant le soin, Madame Bloom se plaint d'être inutile, de causer du travail, son état cutané est bon. Elle s'apaise en fin de soin et vous remercie chaleureusement « de prendre soin d'elle ».

Analyse de la situation

♦ Contexte professionnel (où ? quand ?)

....

....

♦ Présentation de l'usager (à qui ?)

Identité, âge, pathologie(s) : ....

Degré d'autonomie : ....

Habitudes de vie : ....

♦ **Analyse de ses besoins fondamentaux et actions proposées/envisagées**

Besoins fondamentaux perturbés	Manifestations de dépendance et/ou pathologie	Actions des professionnels et de l'élève
....	....	....
....	....	....

♦ **Planification chronologique des actions à effectuer par l'élève.**

....

....

....

....

♦ **Étapes du soin : Le pédiluve**

✓ *S'informer auprès de l'AVS :*

....

....

✓ *Préparer :*

Se préparer : tenue professionnelle et hygiène des mains.

Installer et organiser le matériel et les produits.

✓ *Réaliser :*

Réaliser la technique en suivant les indications de la fiche page 73.

Indiquer les critères de qualité concernés par les différentes étapes.

✓ *Ranger le matériel et l'espace.*

✓ *Faire la transmission écrite sur cahier de transmissions et/ou orale si besoin :*

....

....

....

....

✓ *Évaluer sa prestation avec le professionnel qui encadre.*

Fiche technique

Le pédiluve

Objectifs du soin :

- Maintenir la propreté des pieds.
- Faciliter le soin des ongles.
- Prévenir l'apparition de lésions cutanées (ex. : escarres).
- Participer à son bien-être physique et psychologique.

Matériel et produits (à sélectionner selon la situation)

Protection du sol	Pudeur	Hygiène et confort des pieds
• Alèse en caoutchouc ou sac poubelle. • Alèse en tissu ou tapis de bain ou alèse jetable.	• Rabat de l'alèse en tissu, serviette ou vêtement.	• Pédiluve ou bassine. • Gants jetables si mycose. • Gant de toilette. • Savon liquide. • 2 Serviettes de toilette. • Broc pour rinçage ou bouteille. • 2 compresses (pour les espaces interdigitaux). • Crème ou lait hydratant selon les habitudes de la personne ou du service. • Bas, chaussettes propres.
Confort et hygiène de l'élève	**Gestion des déchets et du linge sale**	
• Tabouret bas. • Chariot de soins ou table basse.	• Haricot. • Sac à linge sale ou sac poubelle.	
Prévention de la contamination		
• SHA ou savon		

Déroulement du soin	Critères de qualité	Évaluation
S'informer		
• Demander le soin à réaliser, les limites de compétences, les contre-indications et consignes spécifiques.	Com, S	
• S'informer des besoins, des habitudes, du degré d'autonomie de l'usager et le prévenir du soin qui va lui être fait.	Com	
Préparer		
• Vérifier sa tenue et réaliser l'hygiène des mains.	H, S	
• Allumer la présence.	Com	
• Vérifier l'environnement : portes et fenêtre fermées, température de la pièce à 20 °C, stock de matériel suffisant…	Com et S	
• Choisir et préparer le matériel et les produits sur le chariot de soins ou une table basse.	C, Er et E	
• Prévenir la personne.	Com	
• Proposer à la personne d'aller aux toilettes.	C et Com	
• Réaliser l'hygiène des mains.	H	
Réaliser		
Laver les jambes et les pieds		
• Installer la personne.	C	
• Installer les alèses.	C, H et S	
• Relever si nécessaire le vêtement jusqu'aux genoux et dérouler l'alèse entre les jambes de la personne (préserver la pudeur).	C	
• Remplir le pédiluve aux 2/3.	S	
• Faire vérifier la température de l'eau.	C, S	

= matériel et/ou étape spécifiques à la structure

Déroulement du soin	Critères de qualité	Évaluation
• Faire tremper les pieds 5 à 10 minutes pour : – permettre de décoller les particules sales ou les peaux mortes ; – ramollir les ongles ; – procurer un délassement.	H, C	
• Remplir le broc pour le rinçage.	H	
• Laver genou, jambe, pied : – en insistant entre les espaces interdigitaux ; – en massant les talons et malléoles ; – en soutenant la jambe au niveau de la cheville avec la paume de la main sans serrer.	H, S, C	
• Rincer à partir du genou jusqu'aux orteils hors de l'eau.	H	
• Essuyer la jambe, poser une compresse entre les orteils.	H, S	
• Rincer le gant avec l'eau du broc.	H	
• Faire la même chose pour l'autre jambe.		
• Ôter le pédiluve.	C	
Masser les jambes et les pieds		
• Enlever la compresse.	C	
• Faire si nécessaire une prévention d'escarres aux talons sans oublier de vérifier l'état cutané des malléoles.	S	
• Proposer, uniquement sur indication du supérieur hiérarchique, un massage des jambes à main nue pour favoriser la circulation retour (pied, genou), en utilisant le lait hydratant habituel.	C	
• Masser des pieds vers les jambes avec des mouvements légers et ascendants.	S	
• Rechausser le pied en retirant les alèses du côté du pied massé.	H	
• Réaliser l'hygiène des mains.	H, S	
• Refaire les mêmes gestes pour l'autre pied.		
• Réinstaller la personne selon ses souhaits et/ou sa pathologie.	C	
• Évacuer le linge sale dans le sac poubelle ou dans le sac à linge.	H, S	
• Ranger le matériel et les produits, réorganiser l'espace et nettoyer le matériel.	H, S	
• Éteindre la présence.	Com	
• Réaliser l'hygiène des mains.	H et S	
Transmettre		
• Noter le comportement et/ou les plaintes de la personne et l'état cutané.	Com, S	
Évaluer		
• Faire le point sur sa prestation avec le professionnel qui encadre le soin.	Com	

Légende : H pour le critère **Hygiène**, S pour **Sécurité**, C pour **Confort**, Com pour **Communication**, Er pour **Ergonomie**.

Sécurité

Le soin des ongles est généralement réalisé par un pédicure ou par l'infirmière. En effet, il nécessite du matériel et des précautions particulières, notamment chez les personnes diabétiques et personnes sous anti-coagulants.

ACTIVITÉ 1 : L'insuffisance veineuse

Document 1 Caractéristiques de la maladie

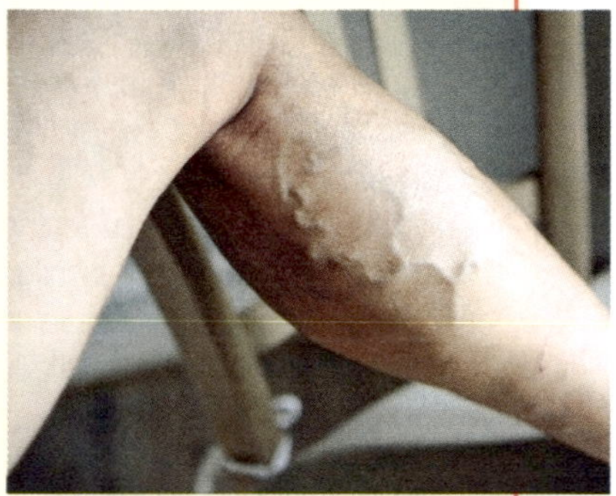

Le sang veineux remonte dans les jambes du bas vers le haut grâce à la pression sanguine et la tonicité de la paroi des veines. Des valvules sont disposées tous les 2 à 5 cm, permettant que ce flux ne retombe pas vers le bas. L'insuffisance veineuse est caractérisée par un retour veineux de mauvaise qualité, entraînant une surpression de sang veineux (on parle de « stase » veineuse) dans les jambes. Les signes ou conséquences de cette pathologie peuvent aller de la sensation de lourdeur des jambes, jusqu'aux complications cutanées et aux phlébites en passant par les varices, les crampes nocturnes, les ecchymoses spontanées, le syndrome d'impatience des membres inférieurs (mouvements incontrôlés des jambes en début de nuit) et l'œdème des membres inférieurs. Les facteurs de risques sont nombreux : l'hérédité, l'âge, la grossesse, l'obésité, les variations hormonales, la contraception œstro-progestative, la sédentarité, la station prolongée debout, la chaleur, les bains trop chauds, l'exposition solaire ainsi que le port de talons hauts et de vêtements trop serrés. Parmi les complications de l'insuffisance veineuse, la thrombose veineuse ou phlébite est la plus grave : il s'agit de la formation d'un caillot dans une veine des jambes, due à la stagnation du sang. Généralement, ce caillot reste localisé mais il peut se déplacer notamment vers les poumons avec la possibilité de provoquer une embolie pulmonaire et la mort.

1 Indiquez la particularité anatomique des veines.

....

2 Donnez la signification de « stase veineuse ».

....

....

3 Listez les signes et les complications de l'insuffisance veineuse.

....

....

....

....

....

....

....

....

4 Surlignez dans la liste précédente, les signes évoqués par Mme Bloom dans la situation professionnelle page 71.

5 Nommez et définissez la complication la plus grave de l'insuffisance veineuse.

....

....

Document 2 Traitement et prévention

L'angiologue pourra, après avoir analysé l'étendue de la maladie veineuse par un examen clinique, réaliser un écho-doppler (échographie associée à un doppler), prescrire des traitements adaptés. La contention élastique est l'un des principaux traitements de l'insuffisance veineuse des membres inférieurs. La compression élastique par des bandes, des bas ou des collants permet, en diminuant le volume des veines et donc la quantité de sang stagnant, de faciliter la circulation et le retour veineux.
Les varices peuvent être traitées par sclérothérapie au cabinet du médecin angiologue (injection dans la veine superficielle d'un produit sclérosant qui transforme la varice en un cordon fibreux qui se rétracte avant de disparaître), ou par phlébectomie (incision de la veine sclérosée que l'on vide de son contenu) ou par stripping encore appelé éveinage (retrait chirurgical de la veine anormale pratiqué sous anesthésie).
Des pommades, gels ou sprays appliqués en massage circulaire du bas vers le haut de la jambe soulagent les lourdeurs de jambes.
En cas de phlébite ou à titre préventif dans certaines situations à risque (alitement prolongé ou pathologie à risque), un traitement anticoagulant est mis en place.
La prévention de l'insuffisance veineuse repose, en partie, sur la qualité de l'hygiène de vie. Il est ainsi conseillé de supprimer les facteurs de risque, de dormir avec les jambes légèrement surélevées (5 à 6 cm), de reposer les jambes en les allongeant le plus souvent possible, de marcher et de doucher les jambes à l'eau froide en fin de journée.

www.pharmanatur.com

6 Nommez le médecin spécialiste de l'insuffisance veineuse.

....

7 Cochez la définition de l'écho-doppler parmi les 4 propositions suivantes. (S'aider du livre de biologie, synthèse 11).

❑ Exploration radiographique d'un organe profond par injection veineuse d'une solution radioactive qui se fixe sur un organe cible qui renvoie les radiations.

❑ Réalisation de coupes anatomiques des parties du corps par projection de rayons X émis par un tube qui tourne autour du patient.

❑ Exploration d'organes mous superficiels ou profonds par un faisceau d'ondes ultrasons qui est réfléchi par les organes rencontrés et envoie une image sur un écran.

❑ Visualisation et étude des organes et tissus du corps humain sur un film radiologique par projection de rayons X.

8 Repérez un des éléments du traitement de Madame Bloom pour son insuffisance veineuse et donnez son principe.

....

....

....

9 Listez une action recommandée et une action déconseillée par l'infirmière, concernant l'insuffisance veineuse, pour le pédiluve de Madame Bloom.

Action recommandée : ....

Action déconseillée : ....

10 Donnez 3 conseils à Madame Bloom pour soulager son insuffisance veineuse.

....

....

....

Activité 2 : Le pied du diabétique

Document 3 Le pied du diabétique en danger

Les pieds du diabétique sont exposés à développer des pathologies graves pouvant aboutir à des amputations.
Quand il y a trop de glucose dans le sang, les nerfs des membres inférieurs peuvent être altérés (on appelle ce phénomène les neuropathies). Après une dizaine d'années de glycémie trop élevée, la neuropathie a de grandes chances d'arriver. Résultat : le malade n'a plus de sensibilité au niveau du pied : blessure, brûlure, ampoule, cor… ne font plus du tout mal. Le danger chez les diabétiques, c'est de continuer à marcher avec une blessure, qu'elle empire, et qu'on ne s'en rende pas compte : 90 % des consultations pour pieds diabétiques sont des patients atteints de neuropathie.
La glycémie élevée attaque aussi les vaisseaux sanguins, il se peut que les artères des jambes n'irriguent plus correctement les pieds (artérite), et la cicatrisation est d'autant plus difficile. Par conséquent, les blessures mettront plus de temps à guérir, et seront plus sujettes à s'infecter. Ce n'est pas le diabète qui fait s'infecter les blessures, mais l'insensibilité et la mauvaise circulation. Le danger c'est qu'une coupure, un cor, une blessure infectée s'étende, et altère définitivement une partie du pied : c'est le mal perforant. Une hyperkératose peut alors se former autour de la plaie. Il s'agit d'une sorte de couche de peau très dure et blanche, qui cache bien souvent une détérioration bien plus importante.
Il convient alors d'éviter toute lésion, même minime. Ce sont les points de pression pendant la marche qui sont le plus souvent touchés : talons, gros et petits orteils, ongles…

Extraits de www.diabete2-patients.com

1 **Nommez et définissez la pathologie concernée par le document 3. Aidez-vous du livre de biologie.**

....

....

....

2 **Indiquez les conséquences de l'élévation de la glycémie sur l'organisme, en particulier sur les membres inférieurs et les pieds.**

....

....

....

....

....

3 **Précisez à quel moment les pieds du diabétique deviennent un danger et comment cela se traduit pour le diabétique.**

....

....

....

4 **Citez les parties du pied les plus à risque de lésions.**

....

Document 4 L'observation à la base de la prévention

Le diabétique présente des troubles de la sensibilité à la chaleur et au froid mais également de la sensation de douleur : il ne perçoit pas les traumatismes pouvant survenir sur le pied et peut se blesser sans s'en apercevoir.

Facteurs de risque	Conseils	Justifications
Petites blessures	Éviter de couper les ongles trop courts. **Préférer la lime aux coupe-ongles.** Ne pas utiliser un instrument tranchant pour les cors et durillons. Vérifier l'intérieur des chaussures. **Éviter de marcher pieds nus.** Consulter un pédicure régulièrement. Désinfecter la plaie. Consulter un médecin en urgence.	....
Sécheresse de la peau	Hydrater ses pieds chaque jour.	La sécheresse provoque des fissures qui sont des lésions de la peau.
Mauvaise hygiène	Changer de chaussettes tous les jours. Éviter les plis. **Mettre des chaussettes au cours de toutes les saisons, même l'été.**	....
Macération	**Choisir des chaussettes en coton ou en fibres naturelles.** Bien sécher les pieds en particulier entre les orteils.	....
Bain de pieds trop long et trop chaud	**Éviter de laisser tremper ses pieds.** **L'eau ne doit pas être trop chaude.**	....
Chaussures non adaptées	**Choisir des chaussures souples et confortables.** Limiter les talons à 5 cm de hauteur. **Préférer les chaussures à lacets.**	....
Manque de surveillance de l'état des pieds	Examiner les pieds tous les jours. Utiliser un miroir pour voir le dessous du pied. Consulter un médecin au moindre doute.	Pour déceler toute petite lésion.

5 **Justifiez chaque conseil en gras en complétant le tableau du document 4.**

6 **Listez les mesures de sécurité à mettre en œuvre lors du pédiluve de Mme Bloom.**

....

....

....

....

....

....

....

Chapitre 10

Observation du comportement de la personne et de la douleur

OBJECTIFS

C. 3.5.1 C. 3.5.2 S. 3.3.2 S. 3.3.3

- Observer un patient et repérer des signes cliniques et/ou symptômes révélateurs d'une modification du comportement.
- Identifier et surveiller les signes cliniques de la douleur.

Situation professionnelle

L'ADMR de Bobigny intervient deux heures chaque après-midi chez Mme Carlier Lilou, 34 ans, qui a accouché par césarienne de son quatrième enfant Noa, le 20 mai ; c'est une personne habituellement très gaie, bavarde et aimable.
Le 26 mai, à 14 h, vous arrivez avec votre tutrice AVS, Mme Carlier a les yeux humides, son visage est crispé. Elle marmonne sur un ton sec « Je ne peux pas me lever, je me sens faible, la cicatrice de ma césarienne me tire et me fait très mal ». Elle vous montre sa cicatrice : l'état cutané vous parait normal, elle explique ressentir une vive douleur lorsqu'elle bouge et au repos la douleur se fait lancinante.
Elle a appelé son médecin traitant ce matin qui lui a prescrit des antalgiques et lui a demandé d'évaluer sa douleur toutes les deux heures à l'aide de l'échelle d'évaluation visuelle analogique (EVA), à 8 h 30 son EVA était à 8. Un cahier de liaison permet de noter les interventions et les transmissions de chaque professionnel (IDE, AVS, médecin).
À 14 h 15, elle vous demande de compléter sa feuille de surveillance (EVA à 7) et de lui donner son comprimé antalgique. Quinze minutes plus tard, elle vous appelle : elle est couverte de sueurs, gémit et se plaint de démangeaisons et picotements au visage, au cou et à l'abdomen, vous observez des plaques rouges sur les différentes zones. Elle se gratte vivement et ressent une chaleur intense.
Alertée, votre tutrice appelle immédiatement le centre 15.

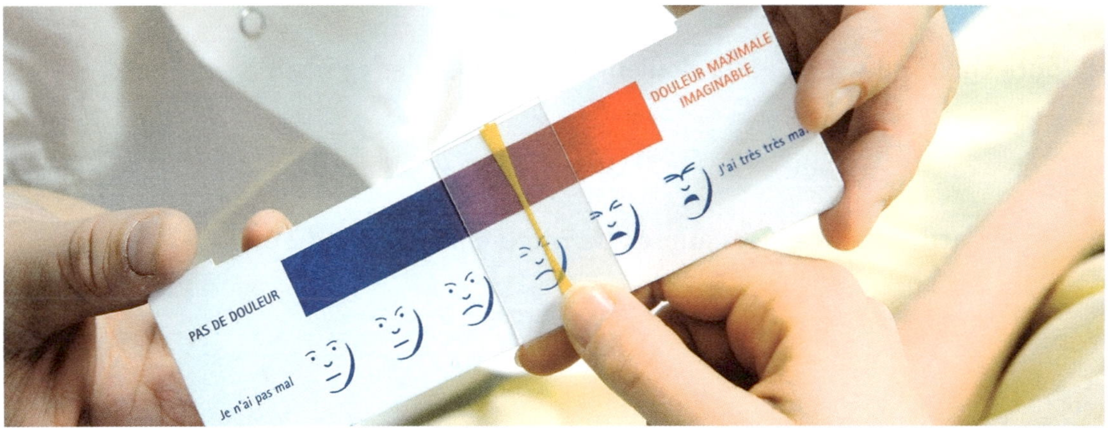

À partir de la situation professionnelle et des fiches ressources, répondez aux questions suivantes.

♦ Repérer les signes cliniques

1 Différenciez « signe clinique » et « symptôme ».

....

....

2 Définissez la douleur.

....

....

3 Classez dans le tableau suivant les signes cliniques observés et les symptômes de Mme Carlier à votre arrivée et après la prise de son traitement antalgique.

Manifestations somatiques/ psychiques relatives à/au	Signes cliniques	Symptômes
La douleur	....	....
La cicatrice de la césarienne	....	....
Comportement	....	....
État cutané	....	....

4 Précisez quel signe clinique ou quel symptôme pourrait expliquer le changement de comportement de Mme Carlier.

....

♦ Intervenir

5 Citez l'outil choisi pour évaluer la douleur de Mme Carlier et justifiez ce choix.

....

....

6 Présentez les actions entreprises auprès de Mme Carlier à 14 h 30.

- ....
....
- ....
....
- ....
....
- ....
....
- ....
....
- ....
....

♦ Transmettre

7 Indiquez au niveau de l'EVA, la face présentée au patient et la face de lecture par le professionnel.

✓ *EVA de Mme Carlier quatre heures après la mise en place de la surveillance :*

Face : ……………………………………………………………………………………………

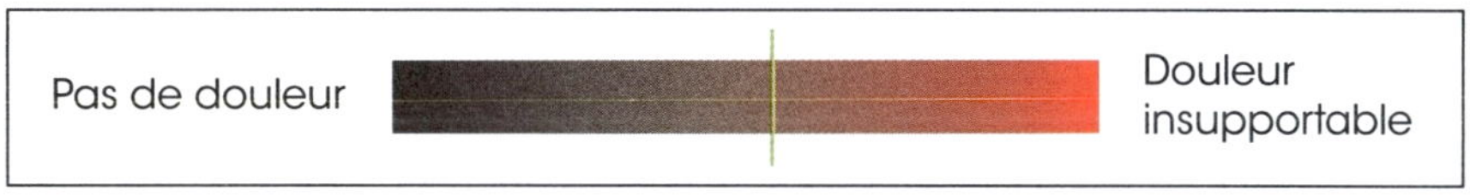

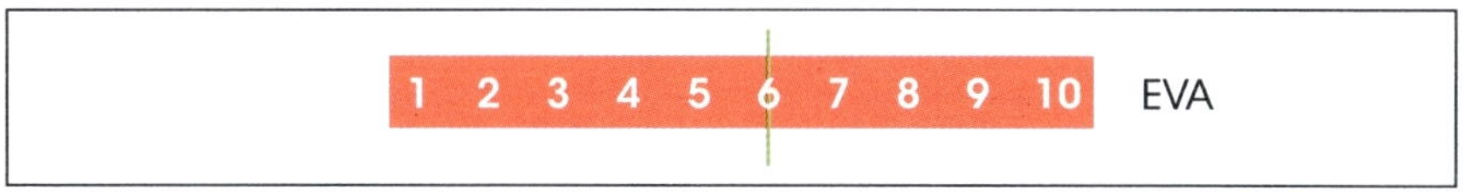

Face : ……………………………………………………………………………………………

8 Complétez la feuille de surveillance de la douleur conformément à la demande de Mme Carlier. Aidez-vous de la situation professionnelle et de la question 7.

Dates	Heures	Résultats	Outil	Observations
26/05/20..	8 h 30	8	EVA	– Cicatrice césarienne douloureuse : douleur vive à l'effort ; lancinante au repos : Dr Delard – Antalgiques pris à 8 h 45 : Mme Carlier
26/05/20..	10 h 30 12 h 30	5	EVA	Douleur plus faible : Mme Carlier
…………	…………	…………	…………	………………………………

9 Justifiez si l'outil d'évaluation de la douleur doit être le même pendant toute la période de surveillance.

……………………………………………………………………………………………

……………………………………………………………………………………………

……………………………………………………………………………………………

♦ Surveiller

10 Présentez l'intérêt d'instaurer une surveillance de la douleur.

……………………………………………………………………………………………

Fiche ressource

L'observation de la personne

Définitions

« Observer un patient » : c'est repérer des signes cliniques et recueillir des symptômes concernant le corps mais également le psychisme auprès d'un patient.

Un signe clinique : manifestation observable (objective) d'une pathologie, d'un trouble ou d'un dysfonctionnement de l'organisme par le soignant et/ou le médecin.
Exemples : observation de rougeurs sur la peau, pleurs, pâleur…

Un symptôme : manifestation non observable (subjective) ressentie et exprimée par le patient lors d'une pathologie, d'un trouble ou d'un dysfonctionnement de l'organisme.
Exemples : douleur, nausées, vertiges… exprimés par le patient.

Les méthodes d'observation

Les sens de l'observateur : **vision, audition, odorat, toucher** sont des outils clés dans l'observation.
L'observateur doit être en capacité de :
- **Repérer des signes cliniques.**
- **Prendre en compte les symptômes décrits par le patient.**
- **Mesurer et surveiller les paramètres vitaux.**
- **Détecter un changement de comportement.**

Il convient de **ne jamais dissocier la composante psychique de l'être humain de la composante somatique**, le psychisme peut influer sur l'évolution d'une pathologie, sur sa guérison.

Surveillance du comportement relationnel et social

Objectifs

- **Repérer des signes cliniques et symptômes en faveur d'un changement de comportement.**
- **Surveiller l'évolution de ce changement.**

Évaluation du comportement

- Observer la personne afin d'établir un recueil de données sur son comportement relationnel et social.
- Évaluer lors des premières prises en charge dans le service :
  - ***ses gestes et postures*** : attitude de repli, détendue, crispée, mobilité aisée…
  - ***ses capacités à communiquer*** : parle facilement, très réservée, bonne expression orale, difficultés à s'exprimer, degré de compréhension limité…
  - ***son comportement vis-à-vis de sa pathologie*** : acceptation, déni, coopération lors des soins, bonne connaissance de sa pathologie…
  - ***son humeur et ses capacités à se maîtriser*** : gaie, confiante, aimable ; triste, anxieuse, agressive… reste calme, s'énerve rapidement…
  - ***son ouverture sociale*** : fréquence des visites (amis, famille), participe à des activités, relation avec les autres patients…
- S'informer et écouter attentivement lors des transmissions pour repérer tout événement susceptible d'influer sur le comportement du patient : diagnostic annoncé, douleur, programmation d'un examen…
- Signaler immédiatement au supérieur hiérarchique tout changement de comportement inexpliqué, tout propos manifestant des pensées négatives.
- Noter vos observations et si nécessaire les propos du patient dans son dossier de soins.

Conduite à tenir en cas de modification du comportement

- **Rassurer la personne, formuler ce que vous avez entendu, son mal être si elle l'exprime : faire preuve de tact, de discrétion et de professionnalisme.**
- **Ne prendre aucune initiative personnelle, ne pas minimiser les propos recueillis.**
- **Informer immédiatement son supérieur hiérarchique de tout changement.**
- **Se conformer toujours aux prescriptions et aux consignes médicales données.**

Fiche ressource

La douleur

Définition

La douleur est une sensation anormale, pénible ressentie par une partie du corps et perçue par le cerveau, elle peut être physique ou psychique.

Les composantes de la douleur en interaction

- **Physique** : c'est la sensation corporelle perçue qui peut être décrite.
- **Psychique** : c'est le ressenti de la personne face à la douleur, notion subjective et variable étroitement liée au vécu de l'individu.
- **Cognitive** : c'est l'ensemble des connaissances, des expériences antérieures de la douleur propre à chaque personne.
- **Comportementale** : ensemble des réactions observables chez l'individu qui souffre, regroupe les manifestations verbales (plaintes, cris…) et non verbales (mimiques, postures…).

Les types de douleur

- **Aiguë :** c'est une douleur vive, immédiate, localisée et généralement brève, elle est causée par une stimulation nociceptive de l'organisme. *Exemple : lésion tissulaire produite par un stimulus thermique (brûlure) ou mécanique (coup, pincement, piqûre) ou chimique.*
- **Chronique :** douleur qui persiste et se prolonge au-delà de six mois, le plus souvent associée à une pathologie qui ne peut se guérir. *Exemple : douleur liée à l'arthrose.*
- **Intermittente :** douleur qui revient systématiquement avec une fréquence variable. *Exemple : douleur liée aux migraines.*
- **Psychogène :** douleur qui n'a aucune cause somatique, elle provient généralement d'un retentissement psychologique. *Exemple : douleur « fantôme » d'un membre amputé, personnes hypocondriaques.*

L'évaluation de la douleur

→ Observation et repérage des signes cliniques de la douleur

- **Le corps et le visage :** le faciès : visage crispé ; la posture : position antalgique au repos et dans le mouvement ; contrôle lors de la mobilisation, protection des zones douloureuses…
- **Le comportement :** nervosité, agressivité ou repli sur soi, apathie.
- **L'expression de la douleur** par le patient : plaintes, cris, pleurs…

→ Les outils d'évaluation de la douleur

Les outils d'auto-évaluation

- **L'échelle d'évaluation visuelle analogique** (EVA) : permet au patient à l'aide d'un curseur sur une réglette colorée de chiffrer sa douleur de 0 à 10 (0 : pas de douleur ; 10 : douleur extrême). Les résultats chiffrés sont au dos de la réglette.
- **L'échelle verbale simple** (EVS) : le patient apprécie sa douleur oralement de 0 à 4 : 0 : douleur absente ; 1 : légère ; 2 : modérée ; 3 : intense ; 4 : extrêmement intense.
- **Le schéma corporel :** sur une représentation du corps, le patient doit localiser la ou les zones douloureuses.
- **La planche de visages :** plusieurs visages schématiques présentant différentes expressions sont présentés à l'enfant afin qu'il choisisse celui correspondant à ce qu'il ressent.

Les outils d'hétéro-évaluation

- **Le questionnaire de Saint Antoine** apprécie des critères sensoriels et affectifs, il requiert de bonnes aptitudes de compréhension du patient et est long à effectuer.
- **L'échelle « Doloplus »,** utilisée chez la personne âgée atteinte de troubles de la communication verbale, grâce à l'observation du comportement, apprécie dix comportements dont :
  – cinq sur le retentissement somatique (plaintes, mimiques…) ;
  – deux sur le retentissement psychomoteur (mouvements impossibles, toilette/habillage : possibilités habituelles inchangées…) ;
  – trois sur le retentissement psycho-social (communication, vie sociale…).

Fiche ressource

Surveillance de la douleur

Objectifs

- **Repérer des signes cliniques exprimant une douleur.**
- **Évaluer la douleur.**
- **Surveiller l'efficacité d'un traitement, un patient opéré.**

Évaluation de la douleur

– L'évaluation de la douleur s'effectue chaque fois **qu'un ou des signes cliniques en faveur d'une douleur** alertent le professionnel ou **si une personne se plaint**.
– Systématiquement chez les patients opérés.

L'évaluation se fait en deux temps :

→ Observer et écouter la personne

– Rassurer la personne afin de l'aider à s'exprimer.
– Prendre le temps d'écouter la personne, ne jamais négliger ou sous-estimer la plainte d'un patient.
– L'encourager à décrire ce qu'elle ressent, à localiser précisément sa douleur, les circonstances de survenue.
– Observer parallèlement à l'écoute les signes de la douleur.

→ Choisir un outil d'évaluation

En fonction des capacités verbales, des possibilités de compréhension du patient, déterminer le choix d'un outil d'évaluation sous couvert de l'accord du supérieur hiérarchique.

• **Personne ayant ses facultés cognitives conservées :** privilégier les **outils d'auto-évaluation** qui permettent une retranscription plus fidèle de la mesure de la douleur.
– Réaliser une friction des mains avec solution hydro-alcoolique avant et après le soin.
– Proposer par exemple l'échelle visuelle analogique.
– Expliquer précisément au patient le fonctionnement de la réglette.
– Lui demander de déplacer le curseur en fonction de son estimation de sa douleur à l'instant présent.
– Mettre en place une feuille de surveillance de la douleur avec les mentions suivantes : nom, prénom et âge du patient, numéro de chambre, le service, heure de début d'évaluation de la douleur et outil choisi.
– Noter le résultat obtenu, les ressentis exprimés par le patient et/ou les signes observés.
– Transmettre immédiatement les données recueillies au supérieur hiérarchique et les noter sur le dossier de soins du patient.

• **Personnes présentant une altération des capacités cognitives :** utiliser un **outil d'hétéro-évaluation**.
– Réaliser une friction des mains avec solution hydro-alcoolique avant et après le soin.
– Choisir l'outil d'évaluation le plus approprié en accord avec le supérieur hiérarchique.
– Informer le patient qu'une évaluation de sa douleur va être faite.
– Transmettre immédiatement au supérieur hiérarchique.
– Inscrire le résultat de l'évaluation et les signes accompagnateurs sur la feuille de surveillance et le dossier de soins du patient.

Conduite à tenir en cas de douleur du patient

Installer le patient dans la position la plus antalgique sauf contre indication médicale, le rassurer.

- **Informer immédiatement son supérieur hiérarchique.**
- **Vérifier lors de la première évaluation les autres paramètres vitaux.**
- **Apprécier l'état de conscience et de vigilance du patient.**
- **Effectuer la surveillance de la douleur avec le même outil sauf avis contraire du supérieur.**
- **Regrouper les soins afin de limiter les mobilisations et favoriser le temps de repos.**
- **Respecter attentivement les prescriptions et consignes médicales données.**

Chapitre 11

Les troubles digestifs

OBJECTIFS

C 3.5.2 S 3.3.2

- Repérer les signes cliniques et les symptômes de troubles digestifs.
- Évaluer et surveiller des troubles digestifs.
- Déterminer la conduite à tenir en cas de troubles digestifs.

Situation professionnelle

Ce matin, 20 octobre, vous intervenez avec votre tutrice, auxiliaire de vie sociale, chez deux usagers. À votre arrivée à 8 h 30 chez Mme Jos, 84 ans, prise en charge dans le cadre d'une hospitalisation à domicile pour un cancer de l'estomac, vous croisez l'infirmière libérale qui vient de terminer sa toilette. Elle vous explique que le médecin a instauré une surveillance des selles et une réhydratation par perfusion hydrique depuis deux jours car Mme Jos a des diarrhées importantes. Un bilan des entrées et des sorties est en place car un risque de déshydratation et/ou de dénutrition est possible sans cette surveillance, et plus particulièrement pour certains publics vulnérables : personnes âgées, enfants, personnes malades. Elle vous demande de noter vos observations sur la feuille de surveillance.
Vous vous rendez auprès de Mme Jos, elle est alitée et se plaint de douleurs abdominales aiguës avant et après l'expulsion des selles. Elle est très pâle et se sent nauséeuse, elle a une pesanteur sur l'estomac. Elle commence à tousser et vomit abondamment en jet sur son lit. Son vomissement est liquide, clair et contient quelques aliments non digérés. Elle vous murmure « ça recommence », vous intervenez rapidement. Elle ne parvient pas à vomir mais se plaint de douleurs importantes à l'estomac et vous dit avoir bu un verre d'eau avant le vomissement. Elle vous demande le bassin, vous constatez que les selles sont liquides, de couleur très foncée mais peu abondantes.
À 10 heures, vous vous rendez chez M. Kurt, 55 ans, autonome et très dynamique, qui doit faire une coloscopie pour rectorragie la semaine suivante. Il devra suivre un régime sans résidus trois jours avant cet examen. Il doit faire une coproculture ce jour, le laboratoire lui a fourni un flacon stérile et un haricot à usage unique. Il vous demande de lui rappeler comment procéder au recueil des selles qu'il effectuera seul.

À partir de la situation professionnelle et des fiches ressources, répondez aux questions suivantes.

♦ Repérer les signes cliniques

1 Définissez les termes : « diarrhées », « rectorragies », « vomissement ». Aidez-vous des fiches ressources.

Diarrhées	....
Rectorragies	....
Vomissement	....

2 Présentez l'aspect et la quantité des selles chez un adulte sans trouble du transit intestinal.

....

....

3 Listez le signe clinique et le symptôme témoignant d'un trouble du transit intestinal chez Mme Jos.

Signe clinique	....
Symptôme	....

4 **Citez les symptômes annonciateurs de Mme Jos avant son vomissement.**

Symptômes annonciateurs	....

5 **Indiquez les caractéristiques du vomissement de Mme Jos que vous avez pu observer.**

....

....

....

♦ Intervenir

6 **Présentez les actions entreprises immédiatement auprès de Mme Jos pendant ses vomissements.**

....

....

....

....

....

....

7 **Définissez les termes « entrées » et « sorties ». Justifiez la nécessité de mettre en place ce bilan pour Mme Jos.**

Entrées	....
Sorties	....
Justification de ce bilan	....

8 **Présentez les explications données à M. Kurt pour qu'il puisse réaliser sa coproculture seul. (Utiliser le : je et vous pour débuter vos phrases).**

....

....

....

....

....

....

....

....

....

....

....

9 Justifiez l'obligation d'uriner avant la coproculture.

....

10 Justifiez l'intérêt d'un régime sans résidus avant une coloscopie. (S'aider du cours de nutrition et de biologie).

....

....

♦ Transmettre

11 Justifiez l'obligation de transmettre « les vomissements » de Mme Jos sur la feuille de surveillance.

....

....

....

12 Complétez la feuille de surveillance de Mme Jos après votre intervention dans sa chambre.

Mme Jos – 84 ans		Bilan des entrées et des sorties		Dr Bort
Dates Heures	**Entrées**	**Sorties**	**Paramètres vitaux**	**Commentaires**
20/12				
8 h 00	– 2 litres de G5 posés pour 24 h. – Petit déjeuner : une biscotte beurrée + un thé Bouteille d'eau donnée.	– Urines : 300 ml – Une selle liquide peu abondante.	PA : 13/7 Pouls : 66 T° : 36,8 °C	Douleurs abdominales aiguës
....	....	....		....

♦ Surveiller

13 Listez les caractéristiques, les signes et symptômes associés qui doivent être observés lors des prochaines selles de Mme Jos.

Caractéristiques des selles	Signes cliniques associés	Symptômes associés
....	....	....

Fiche ressource

Les vomissements

Définition

Un vomissement : c'est l'expulsion soudaine et involontaire du contenu gastrique par la bouche et/ou le nez. Il doit être différencié des régurgitations qui sont un reflux passif des aliments vers la bouche, le plus souvent consécutif à une surcharge alimentaire de l'estomac.

Les symptômes et les signes annonciateurs

Symptômes : nausées, pâleur, vertiges, sensation de pesanteur, de douleur au niveau de l'estomac.
Signes cliniques : hypersalivation, tachycardie, tachypnée.

Critères d'observation des vomissements

Caractéristiques des vomissements	
La fréquence et le moment d'apparition : - vomissement isolé, exceptionnel ou régulier. - après le repas ou à distance ; après la prise d'un traitement, après une intervention chirurgicale. **La forme du rejet :** en jet ou en flaque. **La quantité :** abondant, peu abondant.	**L'aspect et la couleur :** - **Alimentaire :** présence d'aliments digérés ou non. - **Bileux :** liquide de couleur jaune ou verdâtre. - **Hémorragique :** présence de sang rouge (hématémèse) ou de sang noir (en partie digéré). - **Fécaloïde :** odeur et aspect de selles.

Surveillance des vomissements

Objectifs

- **Observer et quantifier des vomissements.**
- **Surveiller l'efficacité d'un traitement, un patient opéré.**

Observation et évaluation des vomissements

Pendant le vomissement :

- Installer la personne en position assise ou tête tournée sur le côté si elle est inconscience, présente des troubles de la conscience ou si elle ne peut pas se mobiliser ou être levée.
- Réaliser une friction hydro-alcoolique et mettre des gants à usage unique.
- Soutenir le front et rassurer le patient calmement.
- Maintenir le haricot devant sa bouche si besoin et lui donner du papier jetable pour s'essuyer.
- Protéger le lit si le patient peut maintenir le haricot.

Après le vomissement :

- Déposer le haricot dans la salle de bains, le conserver pour le montrer au supérieur hiérarchique, l'évacuer dans les toilettes ensuite.
- Ôter les gants à usage unique et réaliser une friction hydro-alcoolique.
- Procéder à une toilette du visage, à l'hygiène bucco-dentaire du patient, l'aider à se moucher.
- Changer ses vêtements et le linge de lit si besoin.
- Réinstaller confortablement le patient et laisser à proximité un haricot et du papier jetable.
- Aérer la chambre en ayant pris soin de couvrir la personne.
- Observer et apprécier le vomissement : l'aspect, la couleur, la quantité.
- Informer immédiatement votre supérieur hiérarchique et noter les caractéristiques, l'heure du vomissement et les signes associés sur la feuille de surveillance et/ou le dossier de soins du patient.

Conduite à tenir en cas de vomissements

- **Installer le patient suivant son état de conscience ou ses possibilités, le soutenir dans ses efforts.**
- **Conserver le vomissement si possible.**
- **Laisser la personne à jeun, ne pas donner à boire sans l'accord du supérieur hiérarchique et l'informer immédiatement.**

Fiche ressource

Les troubles du transit intestinal et des selles

Définitions

Le transit intestinal : c'est l'opération résultant du péristaltisme intestinal pour acheminer les résidus alimentaires vers le rectum pour être éliminés sous forme de selles.

Le péristaltisme intestinal : c'est l'ensemble des contractions musculaires physiologiques du tube digestif qui permettent la progression des aliments du pharynx vers le rectum. Se nomme aussi motricité digestive.

Sans péristaltisme, le brassage des aliments, l'absorption des nutriments, la progression vers le rectum du résidu alimentaire sont impossibles.

Les selles : ce sont les résidus (ou déchets) de la digestion des aliments que l'intestin n'a pu absorber et qui sont expulsés par l'anus. Synonymes : excréments, matières fécales.

Les selles doivent être journalières, spontanées, moulées, de couleur marron foncé ; leur quantité varie de 80 à 200 grammes chez l'adulte.

La défécation : c'est l'expulsion des excréments par l'anus.

Les variations du transit intestinal

- **Variations physiologiques en fonction de l'âge :**

Nourrisson : émission de méconium 24 à 48 heures après la naissance puis 5 à 6 selles par jour les premiers mois.
Enfant et adulte : variable selon l'équilibre alimentaire, l'activité physique.
Personne âgée : ralentissement du péristaltisme intestinal, tendance à la constipation, perte de la sensation d'envie.

- **Variations pathologiques :**

Un trouble du transit intestinal : concerne la fréquence d'émission des selles.
Un trouble des selles : concerne leur couleur et leur consistance.

De la fréquence, de la quantité, de la consistance des selles	De la couleur des selles
Constipation : difficulté ou impossibilité d'évacuer les selles avec modification de la consistance : selles dures et sèches. Au-delà de 6 jours sans selles, on parle de constipation. **Diarrhées :** émission de plusieurs selles par jour (plus de 4) avec modification de la consistance : selles liquides. **Fécalome :** Accumulation d'un volume important de matières fécales déshydratées (bouchon), stagnant dans l'ampoule rectale.	**Rouge :** présence de sang (rectorragies). **Noire :** présence de sang digéré (méléna). Les médicaments à base de fer peuvent aussi les colorer en noir. **Débris blancs :** présence de vers intestinaux (tœnia, ascaris). **Décolorées (couleur mastic) :** absence de pigments biliaires traduisant une malabsorption des graisses.

Les signes cliniques et symptômes associés à surveiller

L'odeur des selles : acide ou fétide (signe d'une infection de la flore intestinale).
Abdomen peu souple.
Absence ou présence de flatulences (gaz).
Douleurs abdominales.
Nausées, vomissements.

Fiche ressource

Surveillance du transit intestinal et des selles

Objectifs

- **Déceler une anomalie du transit intestinal et/ou des selles.**
- **Faire un bilan des entrées et des sorties, effectuer un examen des selles.**
- **Surveiller l'efficacité d'un traitement.**
  - À domicile, la surveillance du transit intestinal et des selles s'effectuera chaque fois que des signes cliniques en faveur d'une diarrhée, une constipation, une anomalie des selles alerteront les professionnels qui devront informer en cas d'anomalie constatée l'usager si son état le permet ou un membre de la famille ou l'IDE ou le médecin traitant.
  - La surveillance du transit intestinal et des selles doit s'effectuer quotidiennement dans les établissements de soins hospitaliers, les structures sociales et médico-sociales.

Observation et évaluation du transit intestinal et des selles

Les patients autonomes :

- Interroger le patient chaque jour pour savoir s'il est allé à la selle, si tout lui paraît normal.
- Noter chaque selle sur la feuille de surveillance du dossier de soins du patient.

Les patients semi-autonomes ou dépendants :

- Observer lors du change, du retrait du bassin, de l'accompagnement aux toilettes :
  - La fréquence : au moins une selle par jour ou tous les trois jours.
  - La couleur et l'aspect : doivent être marron foncé et moulées. (Certains aliments : carotte, betteraves, épinards et médicaments peuvent modifier la couleur).
  - L'expulsion : doit se faire spontanément et sans douleur.
  - L'odeur : plus ou moins importante et malodorante.
- Signaler toute anomalie de la fréquence, de la couleur, de l'aspect, de l'expulsion, de l'odeur à votre supérieur hiérarchique et conserver les selles pour les lui montrer.
- Noter vos observations sur la feuille de surveillance et/ou le dossier de soins du patient.

L'examen des selles : la coproculture

C'est un examen bactériologique, parasitologique ou cytologique des selles.
Leur recueil se fait dans un pot stérile.

- Préparer le flacon stérile étiqueté avec l'identité du patient, un haricot pour le transport et le bassin.
- Informer le patient de l'examen afin qu'il puisse vous avertir lorsqu'il souhaite aller à la selle.
- Préciser à l'usager qu'il doit uriner avant et puis évacuer ses selles dans le bassin.
- Sortir de la chambre et lui demander de sonner lorsqu'il a terminé.
- Réaliser une friction hydro alcoolique et mettre des gants à usage unique.
- Retirer le bassin et le déposer dans la salle de bains, aider ou essuyer le patient si besoin.
- Prélever un échantillon d'excréments à l'aide de la spatule et bien refermer le flacon.
- Réinstaller le patient, vider, nettoyer et désinfecter le bassin.
- Ôter les gants à usage unique et réaliser une friction hydro alcoolique.
- Acheminer ou stocker le flacon selon le protocole du service.
- Informer votre supérieur hiérarchique du recueil réalisé et noter la date et l'heure du recueil dans le dossier de soins du patient.

Conduite à tenir en cas d'anomalie du transit intestinal et des selles

- **Rassurer le patient, s'abstenir de tout commentaire ou observations.**
- **Écouter attentivement tous les symptômes décrits par le patient.**
- **Informer immédiatement son supérieur hiérarchique.**

La température et les troubles cutanés

Chapitre 12

OBJECTIFS

C 3.5.3 S 3.3.1 S 3.3.2

- Aider à la prise de la température.
- Identifier une anomalie de la température et de l'état cutané.
- Déterminer la conduite à tenir en cas d'anomalie de la température et de troubles cutanés.

Situation professionnelle

Ce jour le 20 octobre, à La MARPA de Nice, vous travaillez de matin en équipe avec une aide-soignante.
Mme Ponti, âgée de 82 ans, a depuis quatre jours une pneumonie, elle est sous antibiothérapie et antalgiques. Une feuille de surveillance est en place à la demande du médecin traitant. Elle est apyrétique depuis le 18/10 au soir, les antipyrétiques ont été arrêtés le 19/10.
Ce matin, l'aide-soignante vous demande d'effectuer la prise de la température par voie tympanique de Mme Ponti avant la toilette. Vous la trouvez en sueur dans son lit, ses joues sont rouges, sa peau est très chaude. Elle se plaint de courbatures dans le dos, elle dit avoir froid et frissonne. Elle s'est couverte de sa robe de chambre et de deux couvertures. Vous prenez sa température, le résultat affiche 39,2 °C. Alertée, l'aide-soignante vient prendre les constantes : le chiffre de la pression artérielle indique : 140/80 mm Hg (millimètre de mercure), celui des pulsations : 120 battements par minutes, elle appelle le médecin traitant.

À partir de la situation professionnelle et des fiches ressources, répondez aux questions suivantes.

♦ Repérer les signes cliniques

1 Définissez la température corporelle et indiquez la valeur normale chez l'adulte.

....

....

2 Listez les signes cliniques cutanés qui vous paraissent anormaux chez Mme Ponti.

....

3 Citez les symptômes en faveur d'une hyperthermie.

....

4 Définissez le terme « apyrétique » à l'aide de la courbe de température. Justifiez votre réponse.

....

....

♦ Intervenir

5 Présentez les actions que vous entreprenez dès que vous avez connaissance de la température de Mme Ponti.

....

♦ Transmettre

6 Retranscrivez les valeurs de la température, mesurées ce matin, le 20 octobre, sur la courbe de surveillance ci-dessous et continuez le tracé de la courbe.

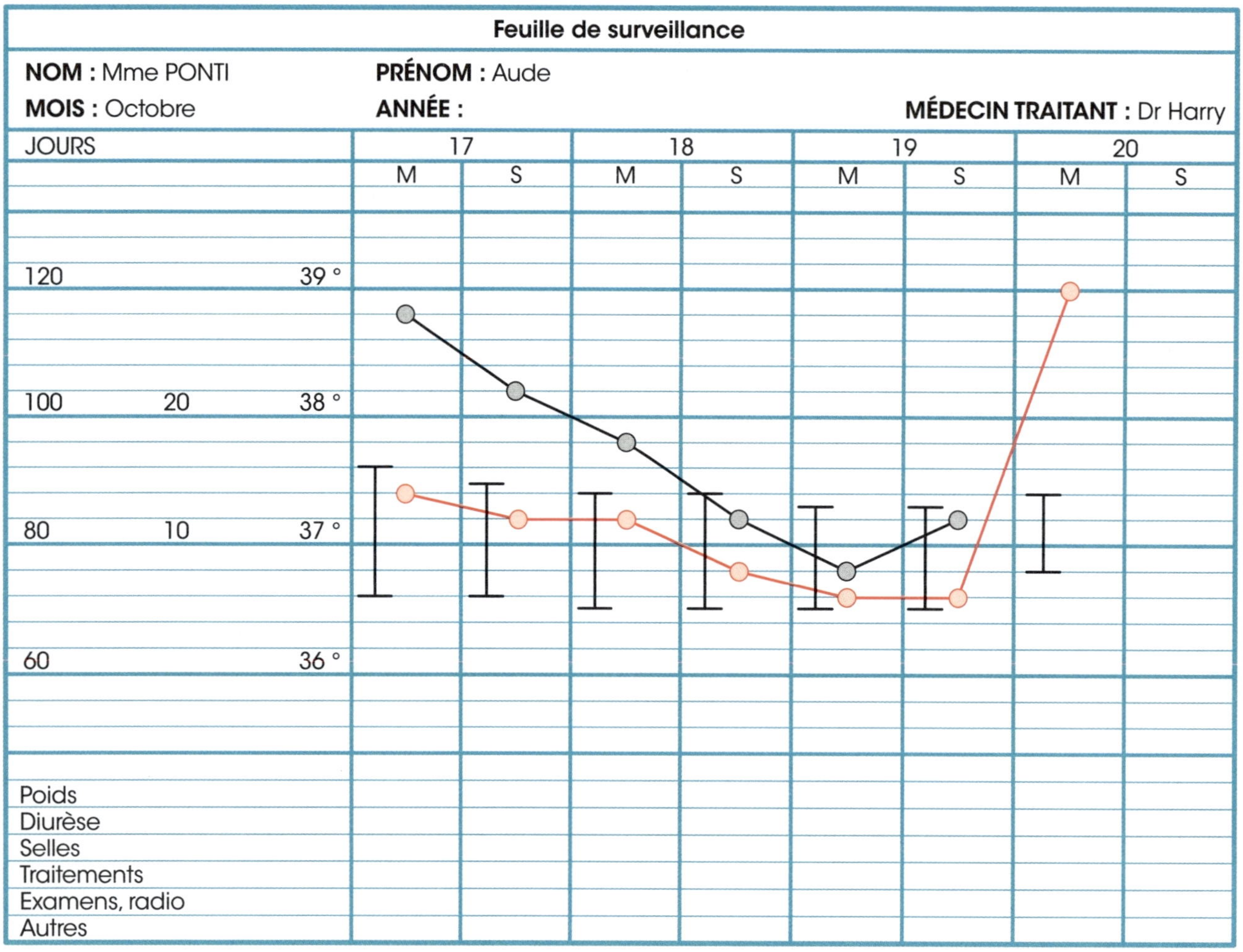

Pulsations en rouge : 1 ligne = 4 pulsations
Pression artérielle en noir ou bleu : 1 ligne = 2 mm Hg
Température en noir ou bleu : 1 ligne = 2 dixièmes

♦ Surveiller

7 Citez les signes cliniques que vous surveillez lors d'une hyperthermie.

8 Justifiez l'obligation d'alerter immédiatement votre supérieur hiérarchique pour l'informer de l'hyperthermie de Mme Ponti.

Fiche ressource

La température corporelle

Définition

La température corporelle : c'est le degré de chaleur de l'organisme humain, elle se situe autour de 37 °C (Degrés Celsius) dans des conditions physiologiques normales.
Elle est régulée par l'hypothalamus grâce au mécanisme de la thermorégulation qui comprend la thermogénèse (production de chaleur) et la thermolyse (déperdition de chaleur).

Les variations de la température

Elle peut être soumise à des variations physiologiques et/ou pathologiques.

Variations physiologiques :

Facteurs	Élévation de la température	Abaissement de la température
Âge	Nouveau né : 36,6 °C à 37,6 °C	Personne âgée : 36 °C environ
Variations hormonales	Femme : ovulation, grossesse	
Climat	Chaud	Froid
Digestion	Digestion	Jeûne
Activité	Activité physique	Repos - sommeil
Rythme circadien	16 h-21 h	4 h-8 h

Variations pathologiques :

L'hypothermie : abaissement de la température corporelle au-dessous de 35 °C.
L'hyperthermie : élévation de la température corporelle au-dessus de 38 °C (synonyme courant : fièvre).
Fébricule : élévation peu importante de la température jusqu'à 38 °C.

Les signes cliniques et symptômes

	Signes cliniques	Symptômes
Hyperthermie	Rougeur du visage, sueurs ; frissons ; pli cutané si déshydratation, somnolence, agitation. Tachycardie ; hyperventilation ; hypotension ; oligurie.	Douleurs : céphalées, courbatures ; fatigue
Hypothermie	Peau froide, pâle ; frissons ; marbrures de la peau ; cyanose des extrémités, ralentissement psychique, somnolence. hypotension ; oligurie. Tachycardie et hyperventilation entre 35 °C et 32 °C. Si T° inférieure à 32 °C : bradycardie et diminution de la fréquence respiratoire.	Fatigue extrême

Les différents thermomètres

- *Les thermomètres électroniques utilisés par voie rectale, buccale, axillaire.*
- *Le thermomètre tympanique à sonde infra rouge s'utilise par voie auriculaire.*

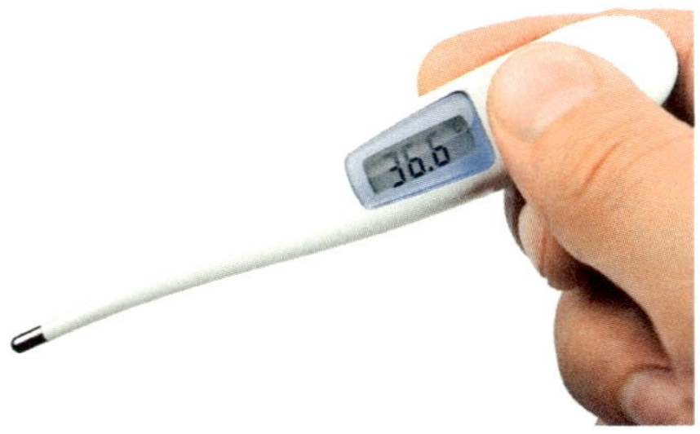

Fiche ressource

Surveillance de la température corporelle

Objectifs

- **Déceler une anomalie de la température corporelle.**
- **Surveiller l'efficacité d'un traitement.**

Les voies de mesure de la température corporelle

Voies de mesure	Consignes à respecter	Rectifications à effectuer
Tympanique	Conduit auditif propre, mettre couvre sonde à usage unique, introduire dans le conduit auditif, tirer doucement le pavillon vers le haut et l'arrière et appuyer sur le bouton pour déclencher la mesure, retirer au signal sonore.	
Buccale	Bouche fermée, langue abaissée, laisser en place jusqu'au signal sonore. Interdit si personnes inconscientes, confuses, agitées, pathologies buccales et pour les enfants.	+ 0,4 °C
Axillaire	Mettre la sonde dans le creux de l'aisselle sèche, plaquer le bras contre le thorax et laisser en place jusqu'au signal sonore.	+ 0,5 °C
Rectale	Lubrifier la sonde avec un corps gras, l'introduire avec précaution dans l'anus car risque de perforation anale, interdit si pathologie anale (ex : hémorroïdes) ; laisser en place jusqu'au signal sonore. Précautions : la voie rectale n'est plus utilisée, voire interdite dans la plupart des structures collectives.	– 0,2 °C

Mesure de la température corporelle

- À domicile, la prise de la température devra être proposée à l'usager chaque fois que des signes cliniques en faveur d'une hypothermie ou d'une hyperthermie alerteront les professionnels qui devront informer en cas d'anomalie constatée l'usager si son état le permet ou un membre de la famille ou l'IDE ou le médecin traitant.
- La prise de la température s'effectue deux fois par jour à heures régulières dans les établissements de soins hospitaliers.

– Réaliser une friction des mains avec solution hydro-alcoolique avant et après la prise de la mesure.
– Informer le patient du soin et le mettre au repos pendant quinze minutes.
– Choisir la voie de mesure la plus adaptée à l'état, à l'âge de la personne et au thermomètre utilisé.
– Vérifier le fonctionnement du thermomètre.
– Respecter le mode d'utilisation du thermomètre et le temps de pause.
– Désinfecter le thermomètre après chaque utilisation et jeter le couvre sonde si on utilise un thermomètre tympanique.
– Inscrire le résultat de la mesure sur la feuille de surveillance en respectant le code couleur du service (en noir ou en bleu).
– Transmettre au supérieur hiérarchique oralement si la mesure est anormale.

Conduite à tenir en cas d'anomalie de la température corporelle

Toute hypothermie ou hyperthermie doit être traitée car elle témoigne d'un dysfonctionnement de l'organisme qui peut entraîner de graves conséquences sur les organes vitaux.

Pour l'hyperthermie	Pour l'hypothermie
– Découvrir la personne. – Donner des apports hydriques suffisants pour prévenir les pertes d'eau. – Assurer les soins d'hygiène fréquemment : toilette, change, soins de bouche. – Veiller à la température de la pièce : 18- 20 °C maximum.	– Couvrir la personne. – Réchauffer progressivement la personne (1 °C par heure). – Proposer des boissons tièdes par petites gorgées. – Donner des apports hydriques suffisants pour prévenir les pertes d'eau. – Mettre la personne au repos strict.

- **Informer son supérieur hiérarchique.**
- **Respecter attentivement les prescriptions et consignes médicales données.**

Fiche ressource

Les troubles cutanés

Définitions

Un trouble cutané peut être la manifestation ou la conséquence : de la perte d'intégrité de la peau, de la modification de son apparence.

Une lésion cutanée : modification visible de la structure ou de l'aspect normal de la peau.

Une cicatrice : partie visible d'une lésion du derme qui est le résultat d'une réparation du tissu après un traumatisme cutané ou une opération chirurgicale ou une maladie.

Rappel : La peau doit être intègre pour assurer ces différents rôles, son aspect doit être lisse, rosée, élastique.

L'observation de la peau est un élément qui permet de nous informer sur l'état de santé d'une personne, elle peut se faire par : la vue, le toucher, l'odorat.

Les signes cliniques en faveur d'une perte d'intégrité du tissu cutané

- **Les lésions cutanées**

Plaies : coupure, perforation, égratignure plus ou moins étendue et profonde, rouge granuleuse, rosé, séreuse, suintante…
Brûlures : érythème, comportant un ou plusieurs phlyctènes, peau noire, cartonnée…
Escarres : rougeur à un point d'appui, phlyctène, peau cartonnée, croûte noirâtre, ulcération suintante…

L'odeur est un signe clinique à ne pas négliger dans l'observation : certaines lésions cutanées peuvent être malodorantes et témoignent d'une infection.

- **Les cicatrices :** plates, blanches, boursoufflées, rouges, violacées, déprimées, étirées…

Les signes cliniques en faveur d'une modification de l'apparence de la peau

- **La couleur**

– ***Peau rouge :*** peut témoigner d'une irritation, d'une hyperthermie, d'un signe inflammatoire, d'une allergie.
– ***Peau pâle :*** peut témoigner d'une hypothermie, d'un refroidissement, d'un état de choc.
– ***Peau bleue :*** peut témoigner d'une cyanose, voire marbrures qui peuvent être annonciatrices d'une détresse respiratoire et/ou cardio-vasculaire.
– ***Peau jaune :*** peut témoigner d'un ictère (jaunisse).

- **La température**

– ***Peau chaude :*** peut témoigner d'une hyperthermie, d'une inflammation.
– ***Peau froide :*** peut témoigner d'une hypothermie, d'un refroidissement, d'une mauvaise circulation sanguine.

- **L'aspect**

– ***Sueurs :*** peut témoigner d'une hyperthermie, d'un stress, d'une douleur, d'un dysfonctionnement de la régulation thermique.
– ***Présence de lésions :*** macules (tâches rouges) ; papules (boutons secs) ; pustules (boutons purulents) ; vésicules (cloques) ; le plus souvent ce sont les signes secondaires d'une pathologie (exemple : vésicules pour la varicelle).
– ***Œdème :*** gonflement consécutif à une allergie, à une mauvaise circulation sanguine (des membres inférieurs par exemple), à une phlébite.
– ***Grosseur :*** peut signaler la présence d'une tumeur (maligne ou bénigne), d'un kyste, d'un furoncle.
– ***Prurit :*** démangeaisons de la peau consécutives à la gale, une infection fongique, une irritation…
– ***Peau sèche et peu élastique :*** signe fréquent d'une déshydratation.
– ***Grain de beauté*** (nævus) dont l'aspect s'est modifié : couleur plus foncée, augmentation du volume, peut être un signe annonciateur d'un mélanome.

Fiche ressource

Surveillance des troubles cutanés

Objectifs

- **Repérer des signes cliniques en faveur d'un trouble cutané.**
- **Surveiller l'évolution d'une lésion cutanée, d'une pathologie.**

Dépistage et surveillance des troubles cutanés

Le dépistage et la surveillance reposent sur deux paramètres : l'observation des téguments et l'interrogatoire du patient.

Surveillance de l'aspect cutané

- **L'observation des téguments**

– Réaliser une friction des mains avec solution hydro-alcoolique avant et après le soin.
– Procéder à l'observation des téguments lors de chaque soin et/ou sur demande du patient.
– Regarder la peau, les muqueuses et les phanères sans omettre les plis, les paumes, les plantes de pieds et le cuir chevelu.
– Déterminer la nature de la lésion : macules, papules, pustules, vésicules… le groupement de ces lésions : lésions isolées, distinctes les unes des autres.

- **L'interrogatoire du patient**

– S'informer sur les circonstances d'apparition, de découverte.
– Inviter le patient à décrire ce qu'il ressent : douleur, démangeaisons, picotements…
– Recherche des facteurs environnementaux susceptibles d'influencer l'éruption tels les facteurs physiques (soleil, froid), chimiques (entourage professionnel, application de parfum ou cosmétiques, contact avec des allergènes…), la prise de médicaments.
– Transmettre immédiatement les données observées et recueillies au supérieur hiérarchique et les noter sur le dossier de soins du patient et/ou feuille de surveillance.

Surveillance de lésions qui altèrent l'intégrité de la peau

– Réaliser une friction des mains avec solution hydro alcoolique avant et après le soin.
– Observer la lésion cutanée telle qu'une plaie, escarre, brûlure : l'aspect, la forme, l'évolution.
– Dépister une éventuelle odeur.
– Interroger le patient pour connaître son ressenti : gêne, tiraillement, douleur…
– Transmettre immédiatement les données observées et recueillies au supérieur hiérarchique.
– Noter les signes observés et les observations du patient sur la feuille de surveillance et/ou le dossier de soins du patient.

Il est fréquent que plusieurs signes cliniques soient associés dans un trouble cutané d'où l'intérêt de ne négliger aucun des paramètres d'observation.

Conduite à tenir en cas de troubles cutanés

Toute modification de l'intégrité ou de l'apparence de la peau peut être le signe annonciateur d'une pathologie ou d'un dysfonctionnement qui peut s'avérer grave et mettre en jeu le pronostic vital de la personne.

- **Rassurer le patient, ne pas l'alarmer en lui faisant part de vos observations.**
- **Informer immédiatement son supérieur hiérarchique.**
- **Vérifier les autres paramètres vitaux.**
- **Respecter attentivement les prescriptions et consignes médicales données.**

Chapitre 13

La diurèse

OBJECTIFS

C 3.5.3 S 3.3.1

- Indiquer les valeurs normales de la diurèse.
- Repérer des signes cliniques et symptômes d'une anomalie de la diurèse.
- Déterminer la conduite à tenir en cas d'anomalie de la diurèse.

Situation professionnelle

Zoé Hortense, 14 ans, diabétique, est atteinte d'une hémiplégie droite suite à un accident de la voie publique, elle se déplace avec un déambulateur. Elle bénéficie d'une prise en charge d'intervenants à domicile par l'ASSAD et le SSIAD de Biarritz. Vous intervenez avec une AVS trois fois par semaine le matin de 9 à 11 h.
Suite à une polyurie et des infections répétitives des voies urinaires, le médecin a prescrit une surveillance de la diurèse qui a débuté le 20 mai à 9 h 30.
Ce jour, 23 mai à 8 h 30, l'infirmière du SSIAD (service de soins infirmiers à domicile) a effectuée la surveillance de la glycémie et la mesure des différents paramètres vitaux (pression artérielle : 11/7mmHg et pouls : 95 battements/min) de Melle Hortense. Elle vous demande d'aider la jeune fille pour le recueil des urines et de noter le relevé de la diurèse à 9 h 30. Lors du recueil de la diurèse (valeur = 1,4 l), vous remarquez que les urines ont une forte odeur. Melle Hortense se plaint de brûlures à la miction, de douleurs dans le bas du dos, de difficultés à uriner et d'envies impérieuses. Son visage est crispé, elle frissonne et des gouttes de sueur perlent sur son front. Vous proposez à Zoé de prendre sa température, le thermomètre affiche 38,7 °C.
Alerté par les parents de Zoé, le médecin met en place une surveillance des paramètres vitaux perturbés trois fois par jour lors du passage de l'IDE et prescrit un examen cytobactériologique des urines (ECBU).

À partir de la situation professionnelle et de la fiche ressource, répondez aux questions suivantes.

♦ Repérer les signes cliniques

1 Définissez les termes : diurèse et polyurie.

....

....

....

2 Indiquez la valeur du premier relevé de diurèse de Melle Hortense. Aidez-vous de la fiche de surveillance.

....

3 Listez les signes cliniques observables et les symptômes décrits par la patiente ce jour.

....

....

....

....

♦ Intervenir

5 Présentez les actions entreprises immédiatement après le recueil de la diurèse et les symptômes décrits par Mlle Hortense.

....

....

....

6 Indiquez l'heure à laquelle vous faites votre relevé de diurèse, justifiez votre réponse.

....

♦ Transmettre

7 Reportez l'heure et la diurèse du 23 mai de Melle Hortense sur la feuille de surveillance.

Surveillance de la diurèse

Nom – Prénom : Mlle Hortense Zoé
Mois : Mai
Médecin : Dr Leffort

Jours	20	21	22	23	24	25	26	27	28	29
Heure	9 h 30	9 h 30	9 h 30	....						

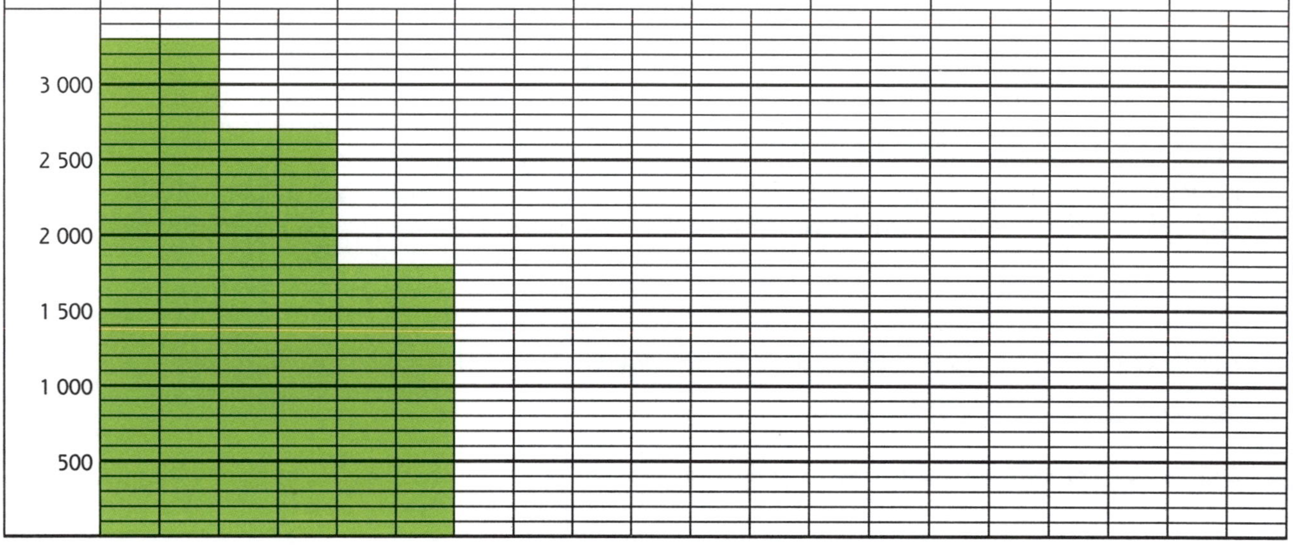

8 Justifiez l'importance d'informer le médecin traitant de l'hyperthermie et des symptômes décrits par Zoé.

....

♦ Surveiller

9 Citez les paramètres vitaux qui devront être contrôlés trois fois par jour par l'IDE.

....

....

....

10 Listez les signes cliniques à surveiller lors d'une diurèse.

....

Fiche ressource

La diurèse

Définition

La diurèse : c'est le volume urinaire émis sur 24 heures.
Sa valeur est comprise entre 1 à 2 litres par 24 h chez l'adulte.
Lors du recueil des urines, la couleur, la limpidité et l'odeur doivent être observées.
La diurèse permet d'apprécier la capacité rénale. Habituellement, l'urine est de couleur jaune clair, limpide, d'odeur safranée.

Les variations de la diurèse

Elle peut être soumise à des variations physiologiques et/ou pathologiques.

- **Variations physiologiques en fonction de l'âge :**

Nourrisson : 100 à 500 mL/jour
Enfant : 500 à 1 400 mL/jour
Selon la quantité d'eau absorbée (sous forme de boissons ou d'aliments), le niveau de transpiration (température environnante, efforts physiques), la quantité d'urine excrétée peut varier considérablement sans que cela ne soit inquiétant.

- **Variations pathologiques :**

Du volume	De l'excrétion
Oligurie : diminution importante du volume des urines, diurèse inférieure à 500 mL/jour. **Anurie** : arrêt total de la sécrétion d'urine, c'est une urgence vitale. **Polyurie** : diurèse supérieure à 3 L/24 heures.	**Pollakiurie** : augmentation de la fréquence des mictions ou des besoins sans augmentation de la diurèse. **Dysurie** : difficulté à uriner. **Rétention urinaire** : incapacité d'évacuer tout ou partie de la quantité des urines contenues dans la vessie. **Globe vésical** : distension de la vessie par l'accumulation et la rétention d'urine. **Incontinence urinaire** : émission involontaire des urines ou incapacité à retenir les urines.

Les signes cliniques associés à surveiller

La couleur :

- Brun foncé : Couleur observée dans l'oligurie car la concentration des urines est augmentée.
- Rouge : témoigne de la présence de sang dans les urines (hématurie), certains aliments colorés (betterave et rhubarbe) ou médicaments peuvent également être responsables de cette couleur.

L'odeur :

- D'acétone ou de « pomme de reinette » : signe d'une acidose diabétique.
- Nauséabonde, fétide ou ammoniacale : lors d'une infection urinaire.

L'aspect :

- Trouble : présence de pus (pyurie), infection urinaire haute (pyélonéphrite) ou basse (cystite, prostatite).
- Filaments blanchâtres flottants : cause infectieuse si associée à une odeur fétide.
- Urines gazeuses ou fécaloïdes : émission de gaz ou présence de matières fécales dans les urines au moment de la miction (communication anormale entre le côlon et la vessie).

Les différents matériels de collecte et de mesure

Un bocal à urine gradué avec couvercle

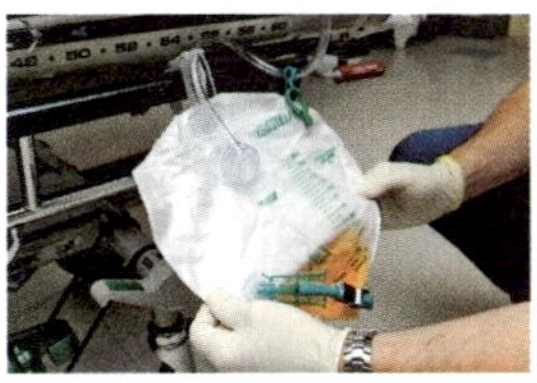

Une poche à urine graduée reliée à une sonde urinaire ou un étui pénien.

Fiche ressource

Surveillance de la diurèse

Objectifs

- **Déceler une anomalie de la diurèse ou de l'aspect qualitatif des urines.**

Mesure de la diurèse

Sur **prescription** médicale afin d'établir une surveillance des urines (volume, aspect, couleur, odeur).

Mesure de la diurèse chez un patient continent

Mise en place

- Informer le patient du recueil et de la surveillance de ses urines.
- Réaliser une friction hydro-alcoolique avant et après le soin et mettre des gants à usage unique.
- Étiqueter le bocal à urine muni d'un couvercle avec le nom, prénom du patient, la date du jour et heure de début de la diurèse, l'installer dans la salle de bain.
- Demander au patient d'uriner et de jeter les urines : la diurèse doit débuter avec une vessie vide.
- Commencer le recueil :
  - Noter l'heure de début du recueil sur la feuille de surveillance.
  - Demander au patient d'utiliser le pistolet ou le bassin pour uriner et de les conserver de jour comme de nuit.
  - Conseiller au patient d'uriner avant d'aller à la selle, lui demander de signaler toute perte d'urine.
  - Lui dire de sonner après chaque miction.

Recueil des urines après chaque miction

- Réaliser une friction hydro-alcoolique et mettre des gants à usage unique.
- Recueillir les urines dans le bocal gradué nominatif.
- Ôter les gants et réaliser une friction hydro alcoolique.

Relevé de la diurèse

- Demander 24 h après précisément au patient d'uriner une dernière fois.
- Réaliser une friction hydro-alcoolique et mettre des gants à usage unique.
- Recueillir les urines et les comptabiliser dans le bocal, en apprécier la qualité.
- Signaler toute anomalie observée : volume, aspect, couleur, odeur à votre supérieur hiérarchique et les montrer si besoin au supérieur hiérarchique avant de les jeter.
- Jeter les urines, démarrer une nouvelle diurèse si prescription ou les garder pour une analyse.
- Nettoyer, désinfecter le bocal à urine et l'étiqueter à nouveau.
- Ôter les gants et réaliser une friction hydro-alcoolique.
- Noter la quantité d'urines recueillies sur la feuille de surveillance en vert et faire la transmission écrite sur le dossier soin du patient.

Mesure de la diurèse chez un patient porteur d'une sonde urinaire

- Débuter la diurèse sur une poche à urine vidée au préalable et informer le patient.
- Mettre une protection sur le sol, poser dessus le bocal à urine et le verre à pied gradué.
- Réaliser une friction hydro-alcoolique avant et après le soin.
- Ouvrir le paquet de compresses et les imbiber d'antiseptique et mettre les gants à usage unique.
- Déclamper la poche de la sonde urinaire, verser les urines dans le verre à pied ou le bocal et mesurer.
- Clamper et essuyer l'embout de la poche de recueil avec les compresses imbibées d'antiseptique afin de prévenir l'infection urinaire par une colonisation de germes.
- Conserver les urines dans le bocal à urine suivant prescription médicale ou les vider dans les toilettes ; jeter la protection et les compresses ; nettoyer, désinfecter et ranger le verre à pied.
- Noter la quantité d'urines recueillies sur la feuille de surveillance en vert, signaler toute anomalie observée et faire la transmission écrite sur le dossier soin du patient.

Conduite à tenir en cas d'anomalie de la diurèse

Toute modification de la diurèse témoigne d'un dysfonctionnement de l'appareil excréteur urinaire qui peut entraîner de graves conséquences sur les organes vitaux.

- **Rassurer le patient, ne pas l'alarmer en lui indiquant les chiffres ou vos observations.**
- **Écouter attentivement tous les symptômes décrits par le patient. Informer son supérieur hiérarchique.**

Chapitre 14 L'aide à la prise de médicaments

OBJECTIFS

C 3.5.4 S 3.5

- Définir médicament, excipient, principe actif et posologie.
- Indiquer les différentes voies d'administration et les principales formes galéniques.
- Préciser les conditions de délivrance d'un médicament.
- Repérer les conditions de conservation et de stockage d'un médicament à partir de la notice et de l'étiquetage.
- Présenter les principes de la législation en vigueur sur l'aide à la prise de médicaments.
- Préciser les modalités de l'aide et indiquer les limites de compétences.

Situation professionnelle

À l'EHPAD Monplaisir, le 4 juin, la commande de médicaments arrive de la pharmacie hospitalière dans l'après-midi. L'infirmière vous demande de ranger avec elle les produits, elle en profite pour faire le point sur vos connaissances concernant les médicaments. Elle prépare ensuite les traitements à distribuer dans des piluliers individuels à l'aide des ordonnances de chacun des patients.
Avant le repas du soir, vers 18 heures, vous l'accompagnez pour faire le tour des chambres, elle distribue tous les traitements et pose les piluliers sur les tables de nuit ou les adaptables.
Les patients de ce service sont autonomes psychiquement mais certains présentent des troubles moteurs (tremblements, faiblesse musculaire…) et rencontrent des difficultés pour prendre leur traitement.
L'infirmière vous demande d'aider certains patients à prendre leurs médicaments au moment du repas, avec Emma l'aide-soignante et de vérifier pour les autres qu'ils n'ont pas oublié de prendre leur traitement.

1 **Analysez la situation professionnelle.**

2 **Réalisez les activités 1, 2, 3.**

Analyse de la situation	
Qui fait quoi ?	....
À qui ?	....
Où ?	....
Quand ?	....
Pourquoi ?	• Explications de l'IDE sur les médicaments : .... • Aide à la prise de médicaments avec Emma : ....

ACTIVITÉ 1 : Le médicament

Document 1 Définition et composition des médicaments

En France, le médicament est défini officiellement par le code de la Santé publique et plus précisément par son article L.5111-1 :

« ***On entend par médicament toute substance ou composition présentée comme possédant des propriétés curatives ou préventives à l'égard des maladies humaines ou animales, ainsi que toute substance ou composition pouvant être utilisée chez l'homme ou chez l'animal ou pouvant leur être administrée, en vue d'établir un diagnostic médical ou de restaurer, corriger ou modifier leurs fonctions physiologiques en exerçant une action pharmacologique, immunologique ou métabolique.*** »

Le médicament est composé :
- d'un ou plusieurs principes actifs : substance d'origine animale, végétale ou synthétique qui a des propriétés thérapeutiques (action pharmacologique).
- d'un excipient : substance sans action pharmacologique qui est associée obligatoirement au principe actif. Il est nécessaire à la fabrication, à l'administration ou à la conservation des médicaments.

Il permet de véhiculer le principe actif qu'il contient jusqu'aux cellules sur lesquelles s'exerce l'action thérapeutique. Il peut se présenter sous différentes formes (liquide, pâteuse, solide, gazeuse) et participe à la forme galénique du médicament pour faciliter son administration.

1 Complétez le tableau ci-dessous.

Propriétés des médicaments	Exemples de médicaments
....	Antibiotique
....	Vaccin
....	Produit de contraste iodé pour IRM
....	Insuline

2 Différenciez le principe actif et l'excipient.

....

....

3 Justifiez pourquoi l'excipient doit être obligatoirement associé au principe actif.

....

....

4 Présentez l'intérêt de l'excipient pour la prise des médicaments.

....

....

Document 2 Posologie et formes galéniques

La posologie est l'étude des doses thérapeutiques et des modalités d'administration des médicaments en fonction du poids, du sexe, de l'âge ou de l'état du malade. Elle est spécifique à chaque médicament qui sur sa notice donne des recommandations précises qui dépendent du principe actif et de la voie d'administration. La posologie doit donc préciser le nombre ou la quantité de médicament à prendre, sa voie d'administration mais aussi le moment de prise dans la journée. Le non-respect de la posologie peut retarder la guérison, rendre le médicament inactif et favoriser l'apparition de bactéries résistantes.

La posologie doit être indiquée sur chaque prescription médicale qui est un acte médical consistant à prescrire un traitement sur un document nommé « ordonnance ».

Quatre voies d'administration peuvent se distinguer : la voie orale, la voie parentérale, la voie cutanée et la voie transmucosale. Leur choix va dépendre de l'action recherchée : action locale ou générale mais aussi du patient à traiter : son âge, son état de conscience, sa capacité à déglutir. La voie orale regroupe l'ensemble des médicaments pouvant être administrés par la bouche, la voie parentérale ou transcutanée permet l'injection du produit dans la circulation sanguine, dans un muscle, dans le derme. La voie cutanée ou transdermique favorise la pénétration d'un produit à travers la peau pour une action locale (ex : gel anti inflammatoire) ou une action plus générale (ex : patch). La voie transmucosale consiste à l'application directe d'un médicament sur une muqueuse (rectale, nasale, auriculaire, vaginale…)

La forme galénique est la forme sous laquelle est présenté un médicament. Elle permet de faciliter son administration et ainsi d'assurer une efficacité optimale.

Elle est adaptée à la voie d'administration, à la nature du principe actif, à la quantité à administrer, au patient et au délai d'action recherchée. Ainsi pour un même principe actif, il peut exister différentes formes galéniques. Les principales formes galéniques sont les : ***vaccin, soluté injectable, sirop, pommade, gélule, gouttes orales, suppositoire, patch, ovule, gel, comprimé, aérosol, solution buvable, suspension injectable, crème, collyre, capsule, collutoire, ampoule, inhalateur, gouttes auriculaires, comprimé orodispersible***.

5 Définissez simplement le terme « posologie ».

....

6 Surlignez dans le document 2, les conséquences en cas de non respect de la posologie.

7 Définissez la forme galénique et présentez ses objectifs.

....

....

8 Listez dans le tableau ci-dessous les différentes voies d'administration et associez à chacune la forme galénique qui convient.

Voies d'administration	Formes galéniques	Avantages du mode d'administration	Inconvénients du mode d'administration
....	....	Non douloureux. Facilité et rapidité d'administration.	Irritation possible du tube digestif. Altération de certains principes actifs par les sucs digestifs. Interdite pour les personnes inconscientes ou pouvant faire des fausses routes.
....	....	Passage direct du principe actif dans la circulation sanguine donc action plus rapide et pas d'altération par les sucs digestifs.	Douleur possible et risque d'effets secondaires (ex. : risque infectieux, risque inflammatoire) au point d'injection.
....	....	Facilité et rapidité d'administration, action directe du principe actif qui pénètre à travers la peau.	Risque d'effets secondaires sur le site d'application (ex. : allergie, démangeaisons, irritation...).
....	....	Action directe et rapide sur les muqueuses ou sur un site éloigné.	Irritation possible des muqueuses. Application contraignante et désagréable suivant les sites.

Document 3 La classification des médicaments

En raison de leur toxicité potentielle, la majorité des médicaments, lors de leur autorisation de mise sur le marché (AMM), sont classés sur des listes qui réglementent leur prescription.

Liste I : ce sont des substances toxiques qui présentent un risque élevé pour la santé. Leur boîte comporte une étiquette blanche avec un large filet rouge.

Liste II : ce sont des substances dangereuses. Leur boite comporte une étiquette blanche avec un large filet vert.

Les principes actifs inscrits sur les listes I et II sont classés « substances vénéneuses » et présentent des risques toxiques, tératogènes, cancérogènes, mutagènes… Les médicaments de la liste I présentent un risque plus élevé que ceux de la liste II. Une autre des différences entre les listes I et II concerne essentiellement les modalités de renouvellement.

Liste des stupéfiants : un médicament est classé stupéfiant ou toxicomanogène lorsque son utilisation risque de créer une dépendance physique et psychique. Ces médicaments sont prescrits sur des ordonnances dites sécurisées qui doivent préciser la posologie en toutes lettres et respecter la durée de prescription (limitée au maximum à 7 jours pour les formes injectables, à 14 jours pour les formes orales et à 28 jours pour certains produits). Leur boîte comporte un carré blanc avec deux bandes rouges.

Les pharmaciens et les préparateurs en pharmacie sous la responsabilité du pharmacien sont habilités à la dispensation du médicament. Les conditions de délivrance des médicaments vont dépendre de la classification du médicament mais également de la conformité de la prescription médicale, qui peut être établie par les médecins, les chirurgiens-dentistes et sages-femmes (pour ces deux derniers professionnels, la prescription est réduite aux médicaments nécessaires à l'exercice de leur pratique professionnelle).

Les médicaments hors liste sont en vente libre en pharmacie et peuvent être délivrés par le pharmacien sans présentation d'une ordonnance, mais peuvent également être prescrits par le médecin. Ces médicaments utilisés en automédication ne sont pas pour autant dénués de risque et leur utilisation prolongée ou à fortes doses peut être à l'origine d'effets indésirables.

9 Citez les règles qui conditionnent la délivrance d'un médicament.

....

....

10 Présentez la spécificité des médicaments hors liste.

....

....

ACTIVITÉ 2 : Les conditions de conservation et de stockage d'un médicament

Document 4 Extrait d'une notice de médicament

PENTAVAC ***Vaccin diphtérique, tétanique, coquelucheux acellulaire, poliomyélitique (inactivé), (adsorbé) et vaccin Haemophilus influenzae type b conjugué***
Forme pharmaceutique et contenu : PENTAVAC se présente sous forme d'une poudre et d'une suspension injectable (0,5 ml en seringue préremplie avec ou sans aiguille en boîte de 1, 10 et 20).
Conditions de conservation et date de péremption : Tenir hors de la portée et de la vue des enfants. À conserver au réfrigérateur (entre +2 °C et +8 °C). Ne pas congeler. N'utilisez pas PENTAVAC si vous constatez une coloration anormale ou la présence de particules étrangères. Ne pas utiliser après la date de péremption figurant sur l'étiquette, la boîte. Extrait : afssaps-prd.afssaps.fr

1 Surlignez les conditions de conservation et de stockage du médicament « Pentavac ».

Document 5 Modalités de conservation et stockage des médicaments

À domicile, il convient de stocker les médicaments dans un lieu sécurisé : armoire en hauteur et fermée à clef pour éviter toute prise accidentelle par les enfants ou personnes présentant une déficience intellectuelle.
Dans les établissements de soins, les médicaments sont rangés dans une armoire fermée à clef, les stupéfiants sont stockés dans un coffre fermé à clef dans l'armoire à pharmacie du service.
La majorité des médicaments sont rangés dans un endroit propre, sec et à l'abri de la lumière mais certains produits doivent être conservés dans un réfrigérateur, un congélateur. Les informations concernant la conservation et le stockage sont indiqués sur la notice et l'étiquette de chaque médicament. Le non-respect des conditions de conservation remet en cause l'efficacité du produit. Il est impératif de vérifier la date de péremption figurant sur l'étiquette et/ou la notice du médicament avant de les utiliser.

2 Listez les précautions de sécurité à prendre à domicile pour le stockage des médicaments.

....

....

3 Citez et justifiez la précaution à prendre avant de ranger des médicaments.

....

....

ACTIVITÉ 3 : La législation en vigueur sur l'aide à la prise de médicaments

Document 6 Cadre réglementaire

Dans le cadre de son rôle propre, l'infirmier aide à la prise des médicaments présentés sous forme non injectable, à la vérification de leur prise, à la surveillance de leurs effets et à l'éducation du patient. « Lorsque les actes accomplis et les soins dispensés relevant de son rôle propre sont dispensés dans un établissement ou un service à domicile à caractère sanitaire, social ou médico-social, l'infirmier peut, sous sa responsabilité, les assurer avec la collaboration d'aides-soignants, d'auxiliaires de puériculture ou d'aides médico-psychologiques qu'il encadre et dans les limites de la qualification reconnue à ces derniers du fait de leur formation. » *Article R. 4311-4 du CSP*

La circulaire de la DGS N° 99-320 du 4 juin 1999 relative à la distribution des médicaments précise :

« D'une manière générale, l'aide à la prise n'est pas un acte relevant de l'article L. 372, mais un acte de la vie courante, lorsque la prise du médicament est laissée par le médecin prescripteur à l'initiative d'une personne malade capable d'accomplir seule ce geste et lorsque le mode de prise, compte tenu de la nature du médicament, ne présente pas de difficultés particulières ni ne nécessite un apprentissage. Il apparaît ainsi que la distribution de médicaments, dûment prescrits à des personnes empêchées temporairement ou durablement d'accomplir ce geste, peut être dans ce cas assurée non seulement par l'infirmier, mais par toute personne chargée de l'aide aux actes de la vie courante, suffisamment informée des doses prescrites aux patients concernés et du moment de leur prise. »

1 Soulignez les personnes pouvant aider à la prise de médicaments.

2 Indiquez à quelles conditions les personnels intervenant à domicile peuvent aider à la prise de médicaments selon la circulaire du 4 juin 1999.

....

....

....

....

Document 7 Modalités de l'aide à la prise de médicament

Préalablement à l'aide à la prise du médicament, il est nécessaire de :

- prendre connaissance de la prescription afin de vérifier la concordance entre la posologie prescrite et le médicament préparé, de connaître le moment de la prise, de contrôler la date de péremption, de s'assurer de l'absence de contre-indications, de certaines pratiques telles que le broyage de comprimés, l'ouverture des gélules…

Au moment de l'aide, il convient de :

- vérifier l'identité du patient, d'apprécier son niveau d'autonomie pour gérer la prise de son traitement.
- si le patient est autonome pour une auto-administration, s'assurer de la compréhension des modalités d'administration et de la prise du traitement ;
- si le patient est dépendant, l'assister dans la prise de ses médicaments ;
- respecter les règles d'hygiène et de sécurité pour le patient et pour soi-même.

« Il convient d'enregistrer en temps réel toute administration de médicaments en utilisant les logiciels informatiques… les retranscriptions sont à proscrire ».

« Organisation du circuit du médicament en établissement de santé – HAS – 2005 »

3 Surlignez les précautions à mettre en œuvre avant et au moment de l'aide à la prise de médicaments chez un patient dépendant.

Chapitre 15

Réactions face à une situation d'urgence

OBJECTIF

C 3.5.5

- Évaluer le caractère urgent d'une situation et réaliser l'action adaptée.

Démarche d'intervention pour un secouriste

Protéger

Alerter ou faire alerter

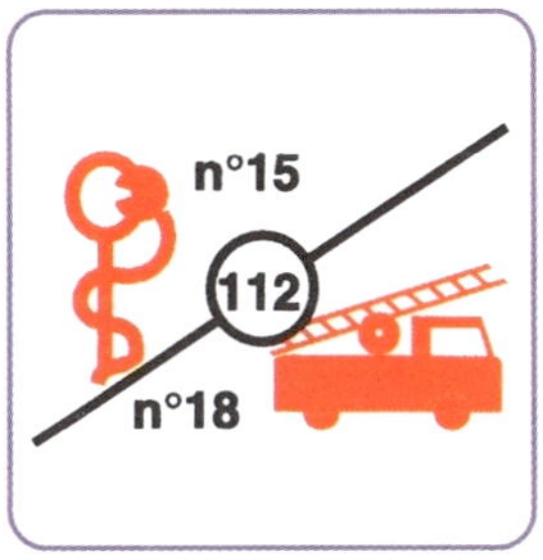

Examiner

Secourir

La victime saigne-t-elle?

La victime s'étouffe-t-elle ?

La victime parle-t-elle ?

La victime respire-t-elle ?

Fiche ressource 1

Protéger

Objectif

Analyser la situation, supprimer ou isoler le danger ou soustraire la victime au danger sans s'exposer soi-même.

Analyser la situation

- S'approcher prudemment de la zone de l'accident.
- Poser aux témoins des questions sur l'accident.
- Identifier les dangers :
  - mécaniques (obstacles, écrasement...)
  - électriques (fils, prises, machines...)
  - thermiques, incendie et/ou d'explosion (feu, moteur...)
  - atmosphère toxique ou irrespirable (gaz, échappement...)
- Identifier qui est exposé au danger :
  - soi-même
  - les autres
  - la victime

Conduite à tenir

- Supprimer le danger (débrancher un fil électrique, fermer le gaz...).
- Isoler le danger en signalant la zone dangereuse (balises, feux de détresse, triangle de pré-signalisation, lampe électrique...) et en empêchant l'accès de la zone dangereuse (balises, personnes éloignant les badauds...).
- Effectuer un dégagement d'urgence en utilisant le chemin le plus court et le plus rapide.

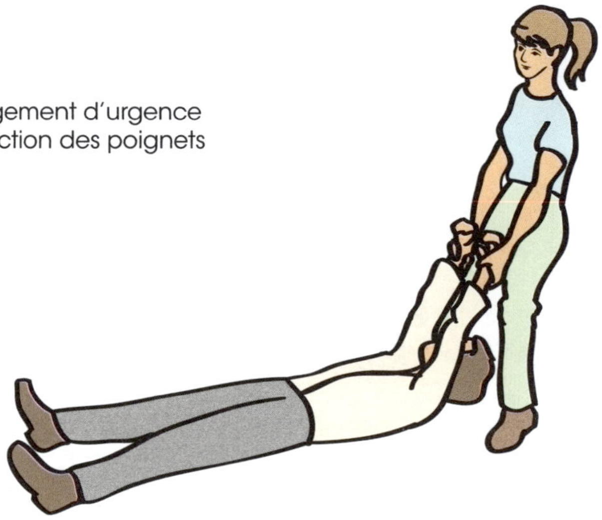

Dégagement d'urgence par traction des poignets

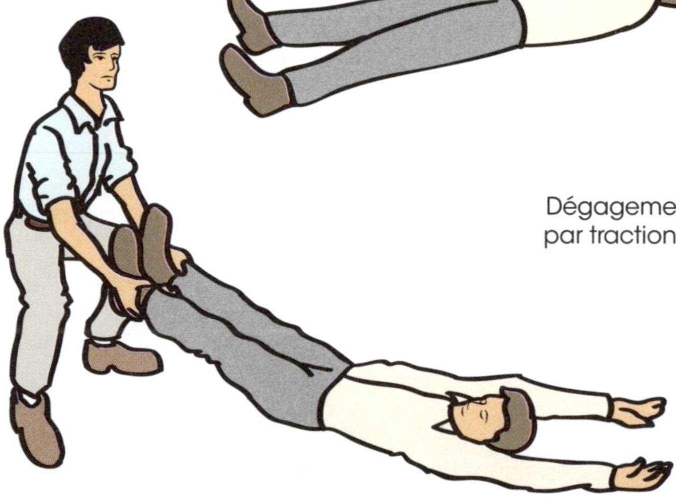

Dégagement d'urgence par traction des chevilles

Fiche ressource 2

Protection des populations en cas d'alerte

Objectif

Prendre les mesures de protection adaptées en cas d'alerte aux populations.

Analyser la situation

L'alerte par sirène est utilisée pour annoncer à la population un danger immédiat comme un nuage toxique, une tornade…

Il s'agit d'un signal sonore modulé, émis 3 fois par minute et séparé d'un silence de 5 secondes.

Conduite à tenir

- Se mettre à l'abri en se rendant dans un local étanche (portes et fenêtre fermées, issues calfeutrées, climatisation arrêtée).
- S'informer en écoutant la radio (France Bleu) ou en regardant la télévision (France télévision).
- Ne pas aller chercher les enfants à l'école.
- Éviter toute flamme, ne pas fumer afin de ne pas provoquer une explosion (en fonction de la nature du danger).
- Ne pas téléphoner afin de ne pas encombrer les lignes pour les secours.
- S'assurer que l'entourage a reçu et exécuté ces consignes.

En entreprise, il faut respecter les consignes particulières de mise en confinement.

Si vous entendez

le signal de la sirène…

…mettez-vous à l'abri…

…écoutez la radio…

ou regardez la télévision…

ou

Les bons réflexes !

Enfermez-vous dans un bâtiment	Bouchez toutes les arrivées d'air	Écoutez la radio	Ne téléphonez pas	Ni flammes ni cigarettes	N'allez pas chercher vos enfants à l'école

Quand le danger est écarté, la sirène diffuse un signal de fin d'alerte continu de 30 secondes.

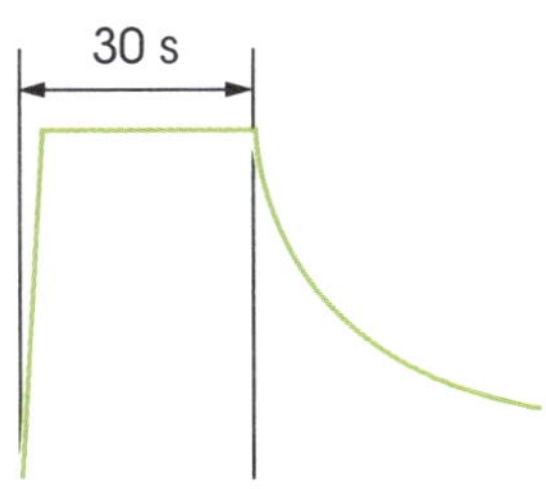

Fiche ressource 3

Examiner

Objectifs

Observer les fonctions vitales de la victime afin de donner un message d'alerte complet, repérer les signes de détresse vitale afin de mettre en œuvre les techniques adaptées à la situation.

Analyser la situation

Trois fonctions participent à la distribution de l'oxygène dans l'organisme : la fonction nerveuse, la fonction respiratoire, la fonction circulatoire.
Les dysfonctionnements d'une ou plusieurs de ces 3 fonctions entraînent rapidement la mort.
Il convient donc de repérer les signes de détresse avant de mettre en œuvre les techniques de secourisme en se posant des questions :
- La victime saigne-t-elle ?
- La victime s'étouffe-t- elle ?
- La victime parle-t-elle ?
- La victime respire-t-elle ?

Conduite à tenir

- **Rechercher les saignements abondants**

En lui parlant :
- Observer la victime et son environnement.
- Palper le cou, les membres selon la situation → les vêtements peuvent masquer la visibilité du saignement.

- **Repérer les signes d'étouffement**
  - Elle porte les mains à sa gorge.
  - Elle ne peut plus parler.
  - Elle ne peut plus respirer et s'agite.

- **Apprécier la conscience**

Adulte, enfant	– Poser des questions : Avez-vous mal ? Que ressentez-vous ? Que vous est-il arrivé ? – Donner des ordres simples : serrez-moi la main, ouvrez les yeux (la victime peut très bien entendre mais ne pas pouvoir répondre aux questions).
Nourisson	– Faire du bruit en tapant des deux mains. – Stimuler la paume des mains du nourrisson. – Observer les réactions.

- **Libérer les voies aériennes et vérifier la fonction respiratoire.**
  - Se mettre à genou, à la tête de la victime.
  - Placer une main à plat sur le front et les doigts de l'autre main (1 à 3) sous la pointe du menton → maintenir la tête.
  - Basculer prudemment la tête en arrière → empêcher l'affaissement de la langue et remonter l'épiglotte.

Pour le nourrisson : mettre la tête en position neutre.

Approcher son visage de celui de la victime pendant environ 10 secondes pour :
- percevoir avec la joue le souffle de la victime ;
- entendre avec l'oreille le bruit de sa ventilation ;
- regarder si l'abdomen se soulève → l'abdomen remonte à chaque inspiration et s'abaisse dans l'expiration.

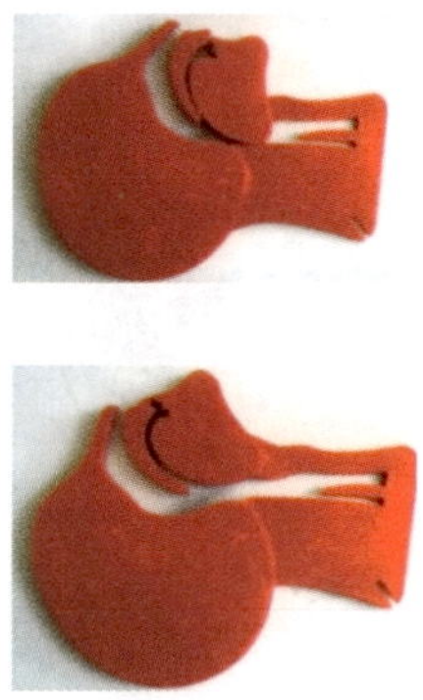

Libération des voies aériennes

Cas particulier : la victime est sur le ventre

Cette position empêche de vérifier si elle respire.

Le retournement s'effectue du côté opposé au regard de la victime.
- Placer le bras de la victime le plus proche au-dessus de sa tête.
- Saisir la victime par l'épaule et la hanche et la tirer doucement.
- Lorsqu'elle se trouve sur le côté, la main de l'épaule glisse pour maintenir la nuque et la tête, l'avant-bras maintient le dos.
- Terminer le mouvement de retournement.
- Retirer la main délicatement de sous sa nuque.

Fiche ressource 4

Alerter ou faire alerter

Objectif

Prévenir les secours spécialisés afin qu'ils interviennent sur le lieu de l'accident le plus rapidement possible.

Analyser la situation

- **QUAND APPELER ?**
  - après l'examen de la victime.
  - pendant ou après la réalisation des gestes de secours.
- **QUI APPELER ?**
  - 15 SAMU
  - 18 POMPIERS
  - 112 N° UNIQUE EUROPÉEN
  - L'INFIRMERIE ou personne prévue dans l'entreprise
- **D'OÙ APPELER ?**
  - Téléphone privé (atelier, chantier).
  - Téléphone portable (même sans le code PIN).
  - Cabine téléphonique (numéros gratuits).
  - Borne d'appel.

Conduite à tenir

- **Contenu du message**

Je donne :
  - Nom, prénom et numéro de téléphone.
  - Lieu de l'accident.
  - Nature de l'accident et risques éventuels.
  - Nombre de victimes.
  - État des victimes.

- **Consignes**
  - Je réponds aux questions posées par les secours.
  - Je ne raccroche jamais le premier mais j'attends d'éventuelles instructions des secours.
  - J'envoie une personne guider les secours.

Cas particulier : faire alerter quelqu'un d'autre

- Choisir le témoin le plus apte.
- Donner le protocole à suivre en fonction du lieu.
- Demander à la personne de revenir rendre compte.

Centre 15, SAMU, SMUR

Le Centre de Réception et de Régulation des Appels (CRRA15), ou **Centre 15**, est une centrale d'appels. Son rôle est de coordonner toute l'Aide Médicale Urgente au niveau départemental.

Le **Service d'Aide Médicale Urgente (SAMU)** assure une écoute médicale urgente permanente, déclenche la réponse la mieux adaptée à l'état du patient (du simple conseil médical à la sortie d'un SMUR) ; en cas de prise en charge du patient, prépare et organise son accueil dans l'établissement de santé.

Les **Services Mobiles d'Urgence et de Réanimation (SMUR)** assurent une délivrance des soins sur place ou le transport médicalisé des patients entre le domicile ou le lieu de l'accident et l'établissement de soins. Ces véhicules sont des structures capables d'assurer la prise en charge et la mise en condition de transport d'un blessé grave. L'équipage se compose au minimum d'un ambulancier CCA, d'une infirmière et d'un docteur en médecine ayant une expérience en réanimation et urgence.

Fiche ressource 5

La victime saigne abondamment

Objectif

Repérer les saignements abondants et arrêter le saignement.

Analyser la situation

Un saignement abondant ou hémorragie est un saignement qui imbibe de sang un mouchoir en quelques secondes et qui ne s'arrête pas spontanément.
La perte de sang abondante conduit à une détresse qui menace immédiatement la vie de la victime.

Conduite à tenir

- Localiser l'endroit qui saigne.
- Comprimer immédiatement.

COMPRESSION MANUELLE

- Se protéger les mains (morceau de plastique, gants) à condition que cela n'augmente pas le délai d'intervention.
- Comprimer avec les doigts ou la paume de la main sur la plaie → arrêter le sang.
- Faire allonger la victime → éviter la perte de connaissance.
- Lui parler et la rassurer.
- Faire alerter ou alerter.
- Protéger du froid et intempéries.
- Surveiller et rappeler les secours si besoin.

Si le secouriste doit se libérer, remplacer la compression par un pansement compressif.

PANSEMENT COMPRESSIF

- Remplacer la main par une épaisseur de tissu propre qui doit recouvrir complètement la plaie.
- Maintenir avec une bande élastique ou un lien large assez long → répartir les pressions.
- Lui parler et la rassurer.
- Protéger du froid et intempéries.
- Surveiller et rassurer.

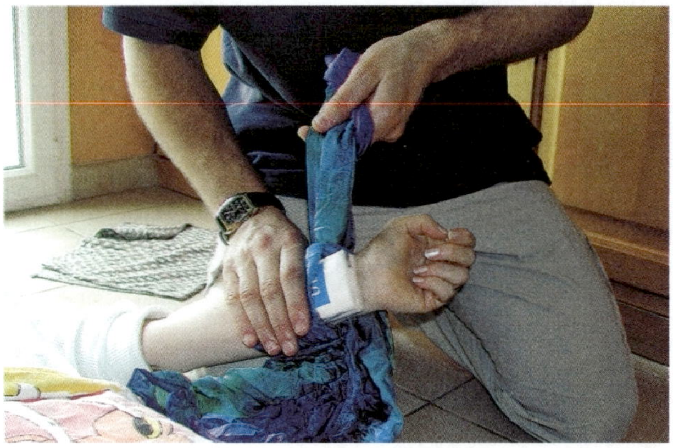

En cas d'inefficacité, reprendre la compression manuelle par-dessus le pansement.

Le sauveteur peut se faire aider par un témoin ou la victime pour réaliser cette compression.

La victime saigne abondamment

Des maladies peuvent être transmises par le sang. Il convient de :

– Se protéger par le port de gants non souillés par des produits corrosifs, par un morceau de plastique ou en glissant sa main dans un sac imperméable.

– Toujours se laver les mains et les désinfecter (Solution hydro-alcoolique, Dakin).

– Le sauveteur retire les vêtements souillés de sang le plus tôt possible après l'action de secours.

– Consulter immédiatement un service d'urgence en cas de contact avec le sang de la victime.

Cas particulier de saignements abondants

La victime saigne du nez

- Faire asseoir la victime la tête légèrement penchée en avant.
- Lui demander de se moucher.
- Lui demander de comprimer ses narines avec deux doigts pendant au moins 10 minutes.

La victime vomit ou crache du sang

- Alerter immédiatement le 15.
- Installer la victime dans la position où elle se sent le mieux.
- Conserver les vomissements ou les crachats.
- Surveiller et rassurer la victime.

Autres saignements

- Faire allonger la victime.
- Appliquer les consignes définies préalablement par le 15.
- Surveiller et rassurer la victime.

Les hémorragies

Le pansement compressif

- Le pansement compressif peut être réalisé avec du matériel adapté prévu par le médecin du travail dans la trousse d'urgence.
- Le secouriste peut utiliser un CHUT (coussin hémostatique d'urgence) composé d'un tampon de mousse et d'une bande élastique de contention avec un maintien par scratch velcro.

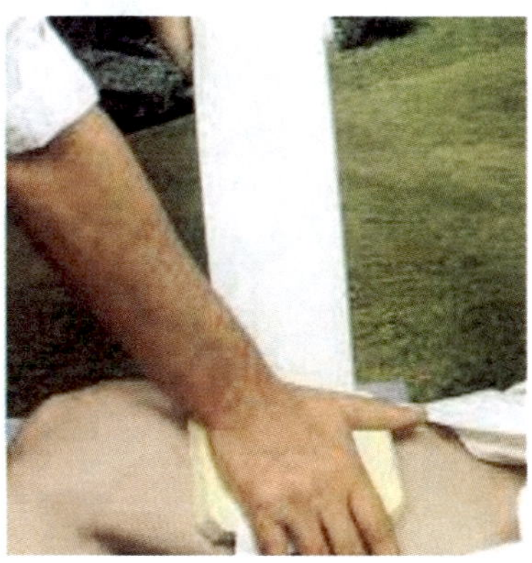

Fiche ressource 6

La victime s'étouffe

Objectif

Identifier l'obstruction totale et désobstruer les voies aériennes.

Analyser la situation

Une victime qui s'étouffe, tousse, porte les mains à sa gorge, devient rouge.
Les gestes de désobstruction ne sont réalisés qu'après un arrêt total du réflexe de toux.
Si l'obstruction n'est que partielle, la victime doit être mise au repos en position demi-assise ou assise.

Conduite à tenir

Désobstruction des voies aériennes supérieures d'un adulte ou d'un enfant de plus de 1 an

1/ Les tapes dans le dos

- Se placer sur le côté de la victime qui est debout ou assise.
- Soutenir son thorax avec une main et la pencher légèrement en avant.
- Donner 1 à 5 tapes avec le talon de la main entre les deux omoplates → provoque un réflexe de toux.

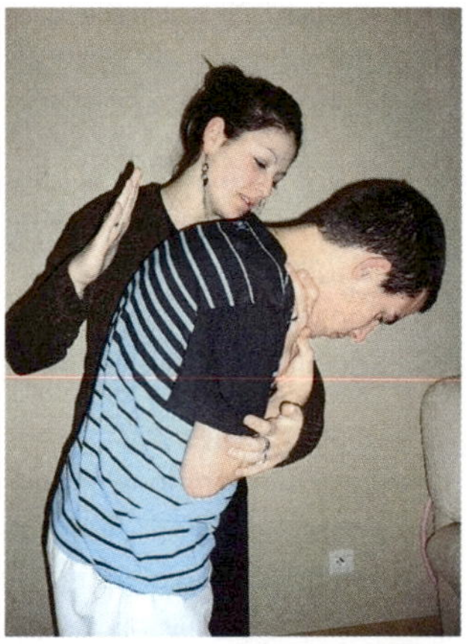

Si cette méthode n'est pas efficace :

2/ Compressions abdominales (Méthode d'Heimlich)

- Se placer derrière la victime debout ou assise.
- Passer ses avant-bras sous ceux de la victime.
- Poser son poing juste au-dessus du nombril.
- Placer l'autre main à plat sur la première.
- Appuyer fortement d'un coup sec en exerçant une pression vers la tête de la victime → créer une surpression pour faire remonter le corps étranger.
- Recommencer cette manœuvre 5 fois.
- Bien relâcher entre chaque compression abdominale.

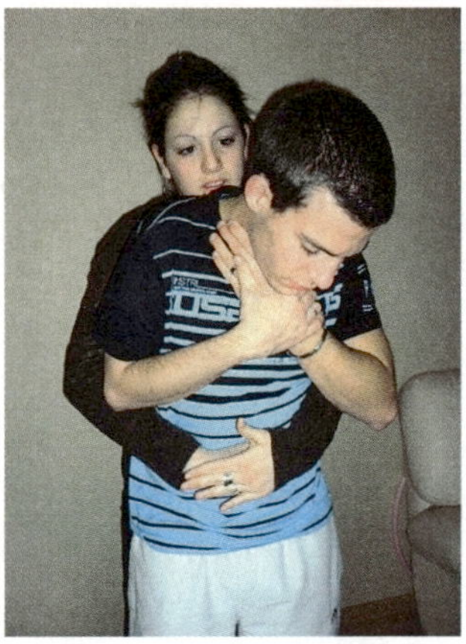

Si la désobstruction n'est pas obtenue, recommencer un cycle de 5 tapes et 5 compressions abdominales. Arrêter les manœuvres dès que la désobstruction est obtenue.

- Mettre la victime dans la position où elle se sent le mieux.
- Rassurer, surveiller et prendre un avis médical.

La victime s'étouffe

Désobstruction des voies aériennes d'un enfant de moins de 1 an.

1/ Les tapes dans le dos

- S'asseoir.
- Coucher le nourrisson en position ventrale à califourchon sur l'avant-bras du secouriste → la tête doit être plus basse pour faciliter l'expulsion du corps étranger.
- Donner 5 tapes avec le plat du talon de la main entre les deux omoplates → provoque un réflexe de toux.

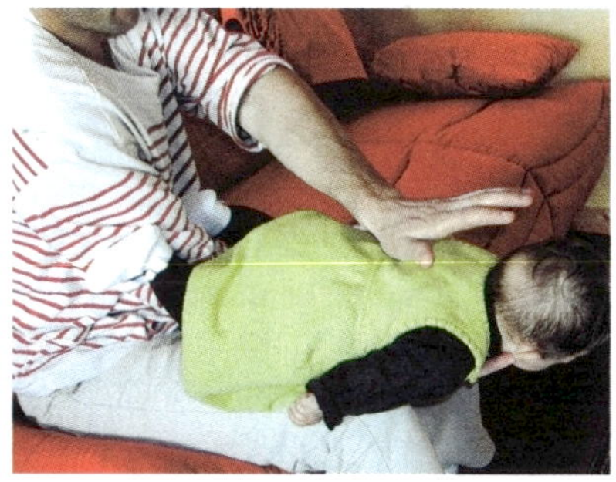

Si cette méthode n'est pas efficace :

2/ Compressions thoraciques

- Tourner le nourrisson en position dorsale sur l'avant-bras.
- Localiser le sternum.
- Effectuer de 1 à 5 compressions verticales sur le devant du thorax avec 2 doigts au milieu de la poitrine et sur la moitié inférieure du sternum.

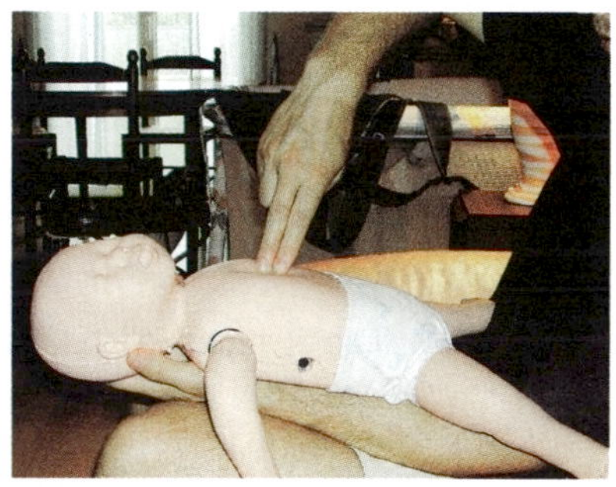

Si la désobstruction n'est pas obtenue, recommencer un cycle de 5 tapes et 5 compressions abdominales. Arrêter les manœuvres dès que la désobstruction est obtenue.

- Mettre la victime au repos.
- Rassurer, surveiller et prendre un avis médical.

Cas particuliers

Désobstruction des voies aériennes chez une femme enceinte ou une personne obèse.

- Se placer derrière la victime debout ou assise.
- Passer ses avant-bras sous ceux de la victime.
- Placer le poing fermé au milieu du sternum.
- Placer l'autre main à plat sur la première.
- Tirer fortement vers l'arrière.
- Réaliser 1 à 5 compressions.

Fiche ressource 7

La victime se plaint de malaise

Objectif

Éviter l'aggravation de l'état de la victime

Analyser la situation

On entend par malaise toute sensation pénible traduisant un trouble de fonctionnement de l'organisme.
Il convient de repérer les signes d'un malaise :
- Douleur dans la poitrine.
- Douleurs abdominales intenses.
- Faiblesse ou paralysie soudaine uni- ou bilatérale de la face, du bras, de la jambe.
- Difficultés de langage, de compréhension.
- Mal de tête sévère, inhabituel.
- Perte d'équilibre, instabilité à la marche.
- Difficultés à respirer.
- Sueurs abondantes.
- Sensation de froid.
- Pâleur intense.
- Perte de vision unilatérale ou bilatérale.

Conduite à tenir

- Mettre la victime au repos (allongée ou assise au sol).
  - Si la victime est agitée, l'isoler.
  - Si elle a des difficultés respiratoires, la mettre en position demi-assise.
- Observer et questionner la victime et son entourage, en restant discret :
  - Où avez-vous mal ? Quelle est la sensation douloureuse ressentie ?
  - Est-ce la première fois ?
  - Depuis combien de temps avez-vous ce malaise ?
  - Avez-vous été malade ou hospitalisé récemment ? Prenez-vous des médicaments ?
  - Quel âge avez-vous ?
- Alerter le centre 15 et transmettre très précisément les signes observés et les réponses de la victime.
- Surveiller et rassurer la victime.

Avec le téléphone portable, le médecin pourra parler directement à la victime.

Cas particulier

Dans le cas de prise habituelle de médicaments ou de sucre par la victime ou sur consigne du centre 15, aider la personne à prendre ses médicaments ou du sucre.

L'AVC (accident vasculaire cérébral) : un malaise grave

Un AVC survient lorsque la circulation sanguine, dans ou vers le cerveau, est interrompue.
Les AVS ont deux origines possibles :
- Origine ischémique : une artère irriguant le cerveau est obstruée.
- Origine hémorragique : rupture d'une artère.

Environ 130 000 personnes sont victimes d'un AVC chaque année en France et cette pathologie est la première cause de handicap chez l'adulte.
La victime présente une faiblesse après une paralysie soudaine uni ou bilatérale de la face et/ou du bras et/ou de la jambe, une perte d'équilibre, une instabilité de la marche ou des chutes inexpliquées. Elle parle avec difficultés, vous dit avoir une diminution ou perte de vision uni- ou bilatérale ou encore un mal de tête sévère, soudain, inhabituel sans cause apparente.
La mise au repos et l'alerte doivent être immédiates.

Fiche ressource 8

La victime se plaint de brûlures

Objectif

Éviter l'infection et empêcher l'aggravation de la brûlure.

Analyser la situation

Après observation, il est nécessaire de différencier les brûlures en déterminant leur origine et leur gravité.

ORIGINES DES BRÛLURES	GRAVITÉ DES BRÛLURES
Les brûlures thermiques sont provoquées par la chaleur (fer à repasser, casserole…). Les brûlures chimiques ont pour origine le contact avec un produit corrosif ou irritant (acides, bases…).	Une brûlure simple est peu étendue et atteint les couches superficielles de la peau. Elle se caractérise par une simple rougeur (1er degré) ou par une petite cloque (2e degré). Une brûlure grave est caractérisée par la présence d'une ou plusieurs cloques sur une surface supérieure à la paume de la main de la victime. Elle peut atteindre les couches profondes de la peau et être localisée au visage, aux muqueuses, aux articulations. Elle peut aussi apparaître comme une plaie noire et suintante.

Conduite à tenir

Si les vêtements sont enflammés, empêcher la victime de courir et étouffer les flammes avec un vêtement ou une couverture.

BRÛLURES THERMIQUES

- Refroidir immédiatement la brûlure à l'eau du robinet tempérée sous faible pression → afin de limiter l'aggravation de la brûlure et de calmer la douleur.
- Faire alerter ou alerter.
- Arroser jusqu'à l'obtention d'un avis médical.
- Appliquer les consignes données par le médecin.
- Mettre au repos, si besoin allonger la victime sur un drap propre.
- Rassurer.
- Protéger du froid et des intempéries.
- Surveiller, en cas d'aggravation rappeler les secours.
- Il est possible d'enlever les vêtements s'ils ne collent pas à la peau.

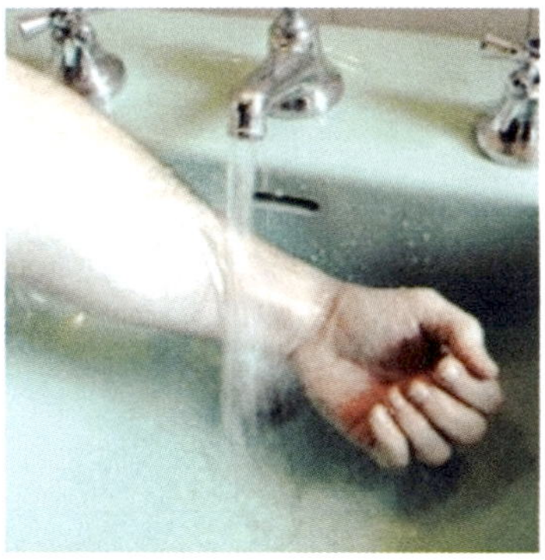

La victime de plaint de brûlures

BRÛLURES CHIMIQUES

Projection sur la peau et les vêtements

- Rincer en arrosant la partie imprégnée de produit à l'eau courante tempérée et à faible pression pour diluer et entraîner le produit sans faire de lésion supplémentaire.
- Déshabiller la victime en la protégeant, ne pas oublier d'enlever les chaussures. L'eau stagnante dans les chaussures pourrait brûler les pieds.
- Faire alerter et alerter en précisant le nom du produit chimique en cause.
- Arroser jusqu'à l'obtention d'un avis médical.
- Appliquer les consignes données par le médecin.
- Mettre au repos, si besoin allonger la victime sur un drap propre.
- Rassurer.
- Protéger du froid et des intempéries.
- Surveiller, en cas d'aggravation rappeler les secours.

Projection de produit chimique dans l'œil

- Rincer abondamment et le plus tôt possible l'œil à l'eau.
- Faire alerter ou alerter les secours en précisant le nom du produit chimique en cause.
- Appliquer les consignes données par le médecin.
- Rassurer.
- Protéger du froid et des intempéries.
- Surveiller, en cas d'aggravation rappeler les secours.

Remarque : l'utilisation de produits en douche portable ou en aérosol peut remplacer l'eau.

Rince-œil

Cas particuliers

Brûlures électriques

- Arroser la zone brûlée visible à l'eau courante.
- Demander un avis médical.
- Appliquer les consignes données par le médecin.
- Rassurer.
- Protéger du froid et des intempéries.
- Surveiller, en cas d'aggravation rappeler les secours.

Brûlures par ingestion

- Placer en position demi-assise pour faciliter sa respiration.
- Demander un avis médical en donnant le nom du produit ingéré.
- Appliquer les consignes données par le médecin.
- Rassurer.
- Protéger du froid et des intempéries.
- Surveiller, en cas d'aggravation rappeler les secours.

Fiche ressource 9

La victime se plaint d'une plaie

Objectif

Éviter l'infection, en particulier le tétanos et l'aggravation de l'état de la victime.

Analyser la situation

Après avoir observé, il est nécessaire d'identifier la gravité de la plaie et de différencier une plaie simple d'une plaie grave pour adapter son action.

Une plaie simple est une petite coupure superficielle ou une éraflure saignant peu.

Une plaie grave est définie par plusieurs facteurs :

Le mécanisme d'apparition de la plaie : Par projectile, injection d'un liquide sous pression, piqûre, outil, morsure, objet tranchant.

L'aspect : Présence d'un corps étranger, plaie écrasée, membre sectionné.

Ses conséquences : Si la victime n'arrive plus à bouger l'extrémité de ses membres ou qu'elle ressent des fourmillements…

Plaie grave

Sa localisation : Au cou, à l'œil, à la face, au thorax, à l'abdomen, près d'un orifice naturel.

Les antécédents : Certaines maladies peuvent être un facteur aggravant des plaies.

Conduite à tenir

PLAIE SIMPLE

- Faire asseoir la personne → pour son confort.
- Se laver les mains → respecter les règles d'hygiène.
- Mettre des gants jetables → éviter la contamination des maladies transmissibles par le sang.
- Laver la plaie à l'eau et au savon à l'aide de compresses.
- Appliquer un antiseptique non coloré avec une compresse en allant de l'intérieur vers l'extérieur de la plaie → un antiseptique coloré peut masquer les signes d'infection.
- Protéger la plaie avec un pansement → préserver la plaie des souillures éventuelles.
- Conseiller la vérification de la mise à jour des vaccinations → prévention du tétanos (rappel de moins de 5 ans).
- Signaler la blessure, si besoin → au responsable hiérarchique et/ou aux parents s'il s'agit d'un enfant.

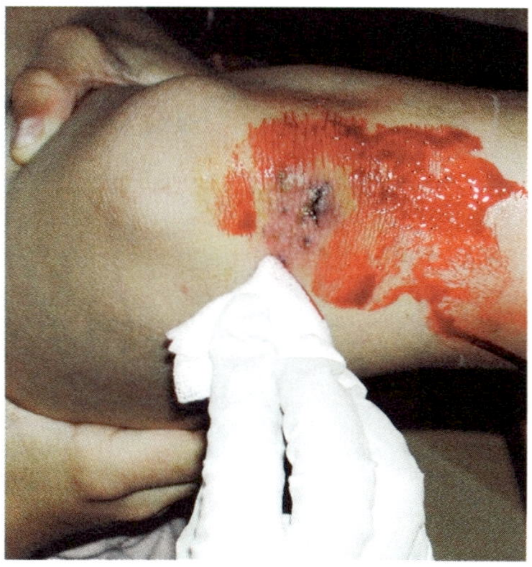

La victime se plaint d'une plaie

PLAIE GRAVE

- Installer la victime en position d'attente.
- Faire alerter ou alerter.
- Rassurer.
- Protéger du froid et des intempéries.
- Surveiller, en cas d'aggravation rappeler les secours.

Les positions d'attentes

Plaie au thorax :

- Mettre la victime en position semi-assise → faciliter la respiration.

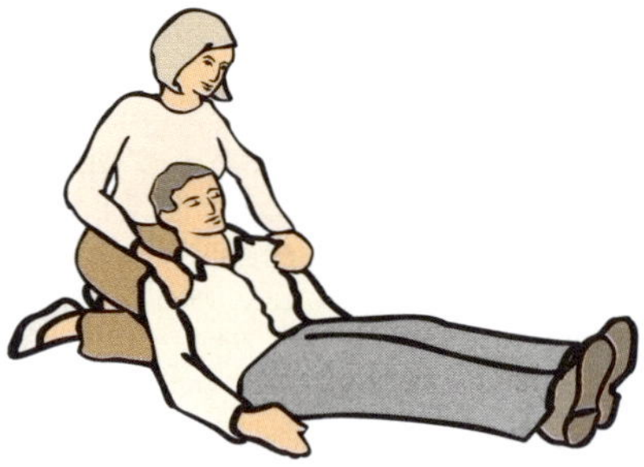

Plaie à l'abdomen :

- Faire allonger la victime, les jambes fléchies sur le ventre → empêcher les viscères de peser sur la plaie, détendre les muscles abdominaux et soulager la douleur.

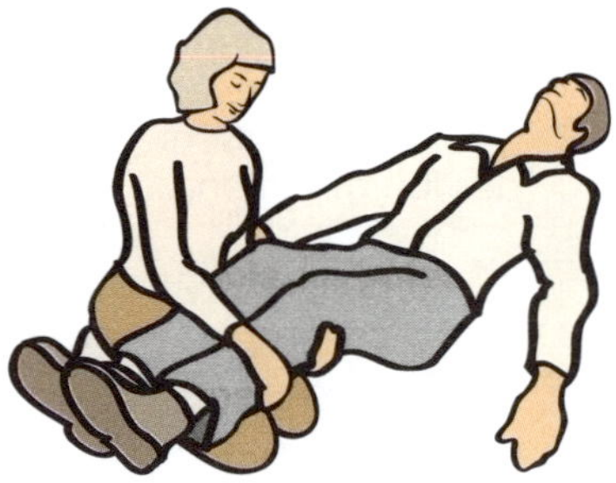

Plaie à l'œil :

- Faire allonger la victime sur le dos.
- Lui demander de fermer les yeux et de ne pas mobiliser sa tête → éviter les mouvements oculaires.

Conditionner un membre sectionné

- Protéger le moignon.
- Envelopper le segment sectionné dans une compresse ou un linge propre et le placer dans un sac en plastique propre et étanche.
- Mettre l'ensemble dans un second sac contenant eau et glaçons.
- Confier ce sac aux secours.

Fiche ressource 10

La victime se plaint d'une douleur empêchant certains mouvements

Objectif

Éviter toute aggravation de l'état de la victime.

Analyser la situation

Le gonflement, la déformation, la douleur et l'impossibilité de bouger sont les signes d'une fracture, entorse ou luxation.

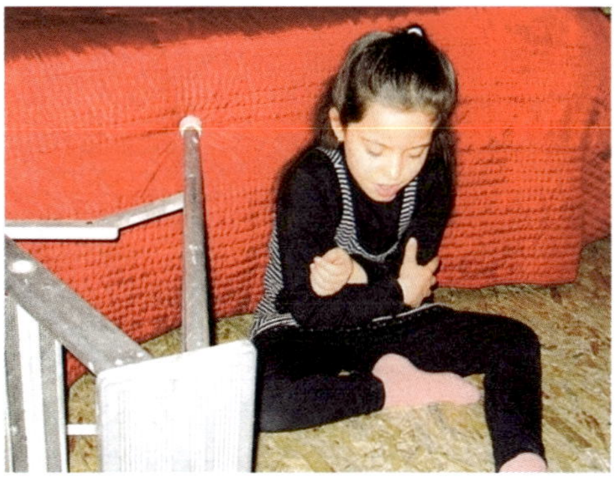

Conduite à tenir

La victime se plaint à la suite d'un traumatisme du dos, de la tête ou de la nuque

- Ne jamais mobiliser la victime.
- Interdire toute mobilisation à la victime.
- Faire alerter ou alerter les secours.
- Suivre les consignes données par les secours.
- Rassurer.
- Protéger du froid et des intempéries.
- Surveiller, en cas d'aggravation rappeler les secours.

La victime a reçu un coup sur la tête

Elle peut présenter :

- une agitation ou prostration inhabituelle,
- des vomissements,
- une perte de mémoire de l'accident,
- des propos incohérents,
- des maux de tête persistants,
- une diminution de la force musculaire.

Attention, ces signes peuvent apparaître dans les 48 heures suivant le choc.

- Lui demander de s'allonger.
- Demander un avis médical.
- Appliquer les consignes données par le médecin.
- Rassurer.
- Protéger du froid et des intempéries.
- Surveiller, en cas d'aggravation rappeler les secours.

La victime se plaint d'un traumatisme au niveau d'un membre

- Interdire toute mobilisation à la victime.
- Faire alerter ou alerter les secours.
- Suivre les consignes données par les secours.
- Surveiller et réconforter la victime.

Fiche ressource 11

La victime ne répond pas, mais respire

Objectif

Éviter un arrêt de la respiration.

Analyser la situation

Une victime inconsciente perd sa tonicité musculaire et certains réflexes : la langue, en hypotonie, peut obstruer les voies aériennes.
En position dorsale, si des vomissements surviennent, ils provoqueront un étouffement.

Conduite à tenir

LIBÉRATION DES VOIES AÉRIENNES

MISE EN POSITION LATÉRALE DE SÉCURITÉ

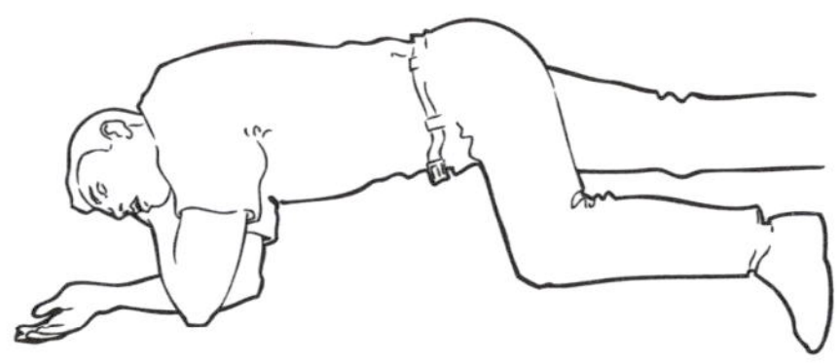

– Se placer à genou ou en trépieds du côté où l'on va tourner la victime.
– Écarter le bras de la victime jusqu'à ce qu'il forme un angle droit avec le corps, puis plier légèrement le coude.
– Saisir le bras opposé et placer le dos de la main de la victime contre son oreille → accompagner le mouvement de la tête et diminuer la flexion de la colonne vertébrale.
– Maintenir le dos de la main de la victime pressée contre son oreille pendant toute la manœuvre de retournement.
– Attraper la jambe opposée de la victime derrière le genou et la plier → utiliser la jambe comme bras de levier pour faciliter la mise sur le côté.
– Se reculer → libérer la surface de dégagement nécessaire à la bascule.
– Tirer sur la jambe relevée pour faire rouler la victime sur le côté, jusqu'à ce que son genou touche le sol.
– Désengager doucement sa main en maintenant le coude de la victime.
– Ajuster la jambe à l'angle droit → stabiliser la victime.
– Ouvrir la bouche de la victime sans mobiliser la tête → faciliter l'évacuation des liquides.
– Faire alerter ou alerter.
– Protéger la victime des intempéries et rassurer.
– Surveiller la respiration toutes les minutes en regardant le ventre se soulever ou en plaçant sa main sur le ventre de la victime.

Si la victime porte des lunettes, il faut les retirer avant le retournement.

Avant le retournement, il convient de s'assurer que les membres inférieurs de la victime sont allongés côte à côte, sinon il faut les rapprocher prudemment.

Cas particuliers

- **Le nourrisson :** il est placé sur le côté dans les bras du secouriste, son dos contre le SST.
- **La femme enceinte :** est allongée sur le côté gauche pour ne pas comprimer les vaisseaux sanguins de l'abdomen.
- **Le traumatisé :** est couché autant que possible sur le côté atteint.
- **Une victime qui présente des convulsions :** ne doit pas être touchée pendant la crise. À la fin de la crise, vérifier la présence de respiration et installer la victime en PLS.

Fiche ressource 12

La victime ne répond pas, ne respire pas

Objectif

Mettre en œuvre une réanimation cardio-pulmonaire et si nécessaire réaliser une défibrillation automatisée externe.

Analyser la situation

Un arrêt respiratoire entraîne rapidement un arrêt cardiaque. Dans les premières minutes qui suivent l'arrêt circulatoire, la victime peut présenter des mouvements respiratoires inefficaces, lents, bruyants et anarchiques.
Un arrêt cardio-respiratoire entraîne des lésions définitives du cerveau dues au manque d'oxygène.

Un cœur en fibrillation (battements désorganisés et inefficaces) s'arrête très vite définitivement : un choc électrique appelé défibrillation permet qu'il redémarre avec des battements efficaces et réguliers.

La chaîne de survie

Chaque minute gagnée augmente les chances de survie de la victime de 10 %

H < 2 min ➤	H < 3 min ➤	H < 5 min ➤	H < 8 min

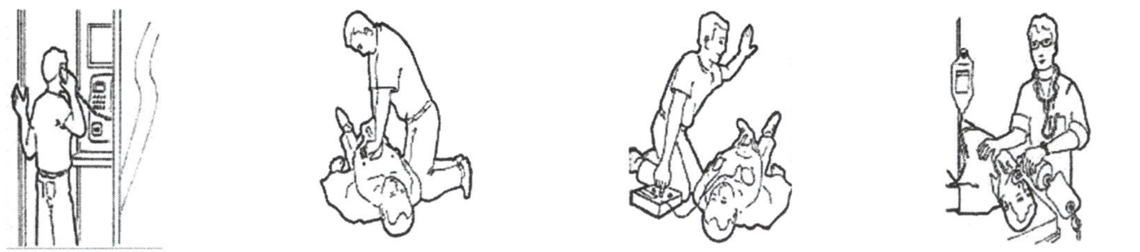

Alerte précoce	RCP précoce	Défibrillation précoce	Soins médicaux précoces

La chaîne de survie

La mise en œuvre immédiate de la chaîne de survie augmente les chances de survie de 4 % à 40 %.

Conduite à tenir chez l'adulte

- Faire alerter ou alerter.
- Demander qu'on apporte un défibrillateur.
- Pratiquer une réanimation cardio-pulmonaire :
  - Faire 30 compressions thoraciques → masser le cœur et faire circuler le sang.
  - Réaliser 2 insufflations → oxygéner artificiellement le sang de la victime.
- Poursuivre en alternance les compressions et les insufflations :
  - jusqu'à l'arrivée du défibrillateur ;
  - jusqu'au relais par les secours ;
  - jusqu'à la reprise de la ventilation.
- Mettre en œuvre le défibrillateur.

La victime ne répond pas, ne respire pas

Les compressions chez l'adulte

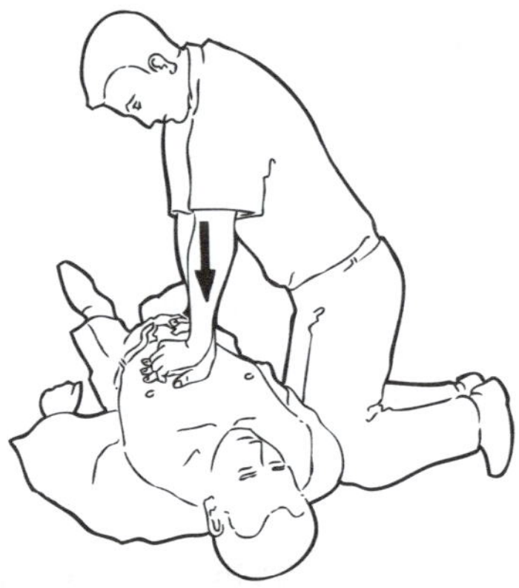

– Mettre la victime sur le dos, sur un plan dur → compresser le cœur efficacement.
– Se positionner à genoux auprès de la victime.
– Dénuder la poitrine dans la mesure du possible.
– Poser le talon de la main juste au centre de la poitrine, sur la moitié inférieure du sternum → endroit où se trouve la masse principale du cœur.
– Placer l'autre main sur la première en relevant les doigts → Éviter les fractures de côtes.
– Compresser verticalement pour enfoncer la cage thoracique de 4, 5 à 6 cm, en restant bien vertical → assurer la circulation du sang.
– Relâcher la poitrine entre chaque compression, le temps de compression est égal au temps de relâchement → Assurer le remplissage passif du cœur.
– Réaliser 30 compressions et relâchements à une fréquence de 100 à 120 compressions par minute.

Les compressions thoraciques créent une hyperpression dans la cage thoracique qui comprime le cœur et fait circuler le sang (remplacent 20 à 30 % du débit cardiaque ce qui suffit à oxygéner le cerveau en attendant le choc électrique délivré par le défibrillateur).

Le bouche à bouche

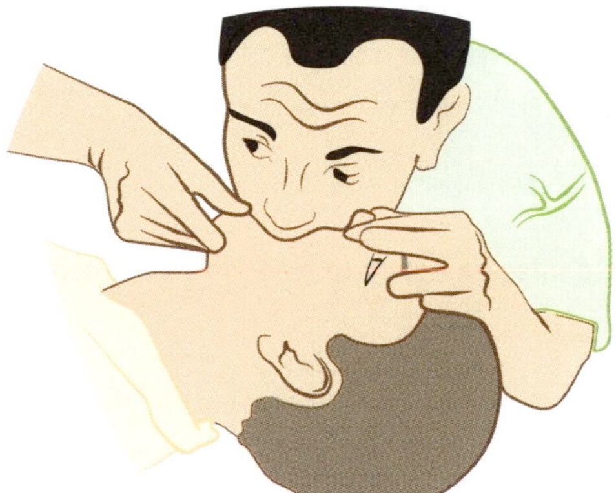

– La tête de la victime est en position de libération des voies aériennes.
– Boucher le nez en pinçant les narines tout en maintenant la tête basculée en arrière.
– Ouvrir légèrement la bouche de la victime.
– Inspirer sans excès et appliquer sa bouche autour de celle de la victime → éviter les fuites d'air.
– Souffler progressivement jusqu'à ce que la poitrine se soulève → une trop grande ou trop forte quantité d'air passe dans l'estomac et peut entraîner des vomissements.
– Reprendre son souffle tout en regardant la poitrine s'abaisser.

Si les insufflations ne peuvent être effectuées (répulsion, vomissement, traumatisme de la face…), le SST continue seulement les compressions.

Un dispositif de protection buccale peut être utilisé.

La victime ne répond pas, ne respire pas

La défibrillation

- Appuyer sur le bouton « Marche » de l'appareil.

➜ **Écouter les CONSIGNES vocales données par l'appareil et s'y CONFORMER :**

- Sortir les électrodes de leur emballage.
- **Connecter** les électrodes.
- **Coller les électrodes** sur le thorax nu de la victime.
- **S'écarter** et ne pas toucher à la victime : analyse du rythme cardiaque.

En fonction de cette analyse, ***le défibrillateur annonce*** :

- **soit** « **choc indiqué** » :
  - **S'écarter** et faire écarter les badauds (sécurité).
  - Appuyer sur « **choc** » à la demande de l'appareil semi-automatique ou attendre que l'appareil le délivre s'il est automatique.
  - **Recommencer la RCP** ou suivre les recommandations du défibrillateur.
- **soit** « **choc non indiqué** » :
  - Poursuivre la RCP tout en suivant les recommandations du défibrillateur.

Le sauveteur ne doit ni retirer les électrodes ni éteindre le défibrillateur automatisé externe jusqu'à l'arrivée des secours.

Cas particuliers

- Victime qui serait sur une surface mouillée ou sur une surface métallique : déplacer la victime avant de pratiquer la défibrillation ou la glisser sur une couverture.
- Victime avec une cicatrice ou un boîtier sous la peau : coller l'électrode à 1 cm sous le boîtier.
- Victime avec autocollant médicamenteux : ôter l'autocollant et essuyer la zone.
- La poitrine de la victime ne se soulève pas :
  - Ouvrir la bouche et contrôler la présence d'un corps étranger. Si nécessaire le retirer.
  - S'assurer que la tête de la victime est bien basculée.
  - Réaliser 2 insufflations et commencer une RCP.

Conduite à tenir chez l'enfant de 1 à 8 ans

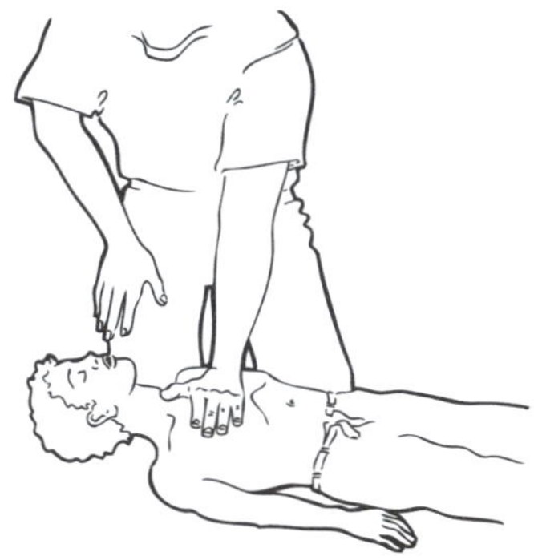

Chez l'enfant, la conduite à tenir devant l'arrêt cardiaque diffère de celle de l'adulte car la cause la plus fréquente est un arrêt respiratoire.
Après avoir constaté l'absence de respiration :

- Passer le message d'alerte.
- Demander qu'on apporte un défibrillateur.
- Réaliser 5 insufflations.
- Pratiquer sans délai une RCP.

Les compressions chez l'enfant de 1 à 8 ans

La technique de compression est identique à celle de l'adulte mais le sauveteur n'appuie sur la poitrine de l'enfant qu'avec **une seule main** pour enfoncer le sternum d'environ 1/3 de l'épaisseur thoracique.

Techniques de ventilation artificielle

Les techniques de ventilation artificielle sont le bouche à bouche comme pour l'adulte.

La défibrillation

La défibrillation est réalisée comme pour l'adulte mais en utilisant des **électrodes enfants**. Cependant, le SST peut utiliser des électrodes pour adulte en les plaçant une sur le thorax, l'autre dans le dos, sauf recommandation contraire du constructeur.

La victime ne répond pas, ne respire pas

Conduite à tenir chez le nourrisson

Chez le nourrisson, la conduite à tenir devant l'arrêt cardiaque est identique à celle de l'enfant, seules les techniques de ventilation et de compressions thoraciques diffèrent.

Les compressions chez le nourrisson

– Localiser le bas du sternum.
– Placer la pulpe de deux doigts dans l'axe du sternum, 1 cm au-dessus de ce repère → repérer l'emplacement du cœur.
– Comprimer verticalement afin d'enfoncer la cage thoracique d'1/3 d'épaisseur puis relâcher.
– Réaliser 30 compressions à un rythme de 100 à 120 compressions/min.

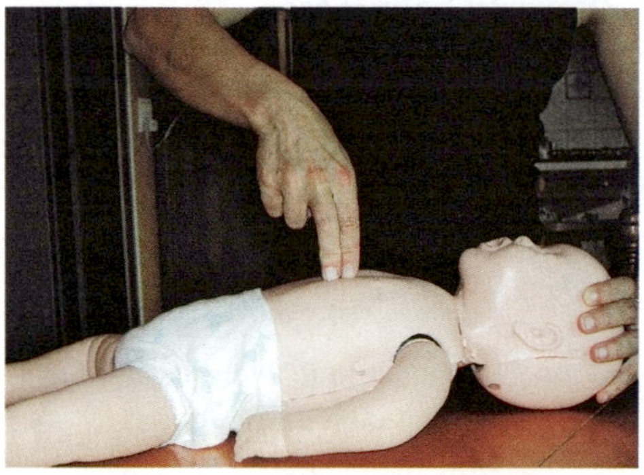

Le bouche à bouche à nez

– La tête de la victime est en position neutre, le menton relevé afin de libérer les voies aériennes.
– Plaquer hermétiquement sa bouche autour du nez et de la bouche de la victime.
– Insuffler doucement jusqu'à ce que la poitrine se soulève.

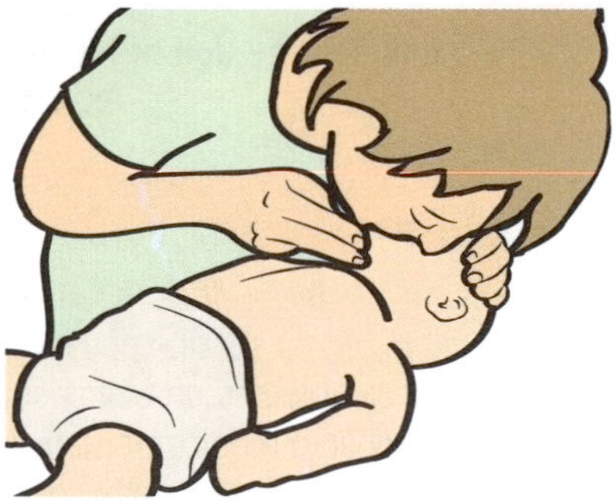

La défibrillation

La défibrillation est réalisée comme pour l'enfant mais en utilisant des électrodes adaptées.
Il est recommandé d'utiliser des électrodes enfant, dont la taille est adaptée aux nourrissons.
La fibrillation cardiaque est un cas d'urgence absolue. Le défibrillateur DAE détecte le rythme cardiaque de façon automatique. Le choc électrique ne peut donc pas être administré à un cœur qui bat. Même si le défibrillateur est équipé d'électrodes adultes, il est donc préférable de l'utiliser après avoir averti les services d'urgence. Appliquées sur un enfant dont le corps est de petite taille, il faudra alors faire bien attention à ce que les électrodes n'entrent pas en contact l'une avec l'autre.

Si un second SST est présent, il est préconisé de pratiquer une réanimation cardio-pulmonaire à deux :
- l'un réalise les compressions thoraciques ;
- l'autre effectue les insufflations.

Chapitre 16

Les activités d'éveil et sensorielles

OBJECTIFS

C 3.4.1 C 3.4.5 S 1.2 S 1.4

- Choisir une ou des activités pour une personne, un groupe.
- Conduire et évaluer une activité individuelle ou collective.

Situations professionnelles

Situation 1

Vous intervenez avec votre tutrice AVS, chez Mme Xuan, tous les après-midi d'octobre pour des heures d'accompagnement. Âgée de 85 ans, Mme Xuan vit chez son fils et sa belle-fille dans une maison à étage. Le rez-de-chaussée est composé d'une cuisine où sont pris les repas, d'une salle à manger et d'une chambre équipée d'un lit médicalisé pour Mme Xuan. Chaque mercredi, la maison est animée par la visite des arrières-petits enfants. Mme Xuan est atteinte de la maladie d'Alzheimer, elle est prise en charge tous les matins par une autre AVS qui l'aide à la réalisation des soins d'hygiène. Mme Xuan n'est plus très réceptive à son environnement, il est très difficile de capter son attention. Cependant, il arrive parfois qu'elle émette des sons et qu'elle esquisse des sourires. Mme Xuan garde une bonne motricité, elle déambule beaucoup. Votre tutrice vous demande de mettre en place une activité sensorielle avec Mme Xuan.

Situation 2

Vous travaillez depuis janvier, avec l'équipe d'animation à la résidence Malbrouc. Cette résidence accueille dans des logements individuels, 29 adultes (18-25 ans) handicapés mentaux. Les troubles associés liés au handicap sont nombreux : épilepsie, troubles du comportement... Les résidents sont pris en charge par une équipe médico-sociale qui leur propose de pratiquer certaines activités durant la journée. Parmi le personnel, on compte 5 animateurs dont un responsable du service éducatif qui vous demande de participer au projet d'animation avec les autres animateurs et d'animer seule un atelier sensoriel hebdomadaire, sur le thème de la musique, qui pourrait aboutir au mois de juin, au moment de la fête de la musique.

1 Analysez les situations professionnelles.

Situation 1

Analyse de la situation	
Qui fait quoi ?	…………………………
À qui ?	………………………… ………………………… …………………………
Où ?	…………………………
Quand ?	…………………………
Besoins fondamentaux pouvant être satisfaits selon l'activité choisie	………………………… ………………………… ………………………… …………………………

Situation 2

Analyse de la situation	
Qui fait quoi ?	………………………… …………………………
À qui ?	…………………………
Où ?	…………………………
Quand ?	…………………………
Besoins fondamentaux pouvant être satisfaits selon l'activité choisie	………………………… ………………………… ………………………… ………………………… …………………………

2 Réalisez les activités 1 et 2.

Après avoir choisi une des deux situations professionnelles :

3 Complétez la fiche d'activité.

4 Organisez et conduisez l'activité choisie.

ACTIVITÉ 1 : Animations autour des sens

Document 1 Les cinq sens

Dès la naissance, et même avant, les sens ont une grande importance dans la vie de l'individu. La fréquence des déficits sensoriels chez les personnes âgées restreint la qualité et la quantité des informations sensorielles qu'elles perçoivent.
La réactivation de sensations connues permet de solliciter la mémoire ; de favoriser le contact avec le monde extérieur et d'initier un processus de communication. Chez les personnes handicapées par des troubles démentiels, le langage verbal est souvent défaillant, et la stimulation des sens permet alors d'entrer en communication autrement.
Enfin, les expériences sensorielles permettent de retrouver le plaisir à travers les stimulations proposées. L'environnement sensoriel des personnes âgées vivant en institution est bien souvent limité, et la participation à un tel atelier permet d'enrichir et de diversifier le champ de leurs sollicitations sensorielles.

1 Indiquez les différents publics qui peuvent être concernés par ces ateliers.

....

2 Relevez dans le document 1 les différents objectifs des ateliers sensoriels pour la personne âgée.

....

....

....

....

....

Document 2 Un atelier « cuisine » pour maintenir la communication

Lors des heures prévues pour l'accompagnement de Mme Soleil, Bernadette (AVS) a mis en place, un atelier des sens, une fois par semaine, en début d'après-midi. Il dure une heure à une heure et demie. Il est fondé sur l'utilisation de produits alimentaires, supports essentiels de la stimulation sensorielle.
Deux axes d'intervention sont privilégiés dans l'animation de cet atelier :
- L'approche sensorielle elle-même. Mme Soleil observe, sent, touche et peut goûter les produits proposés.
- La réalisation d'une recette sucrée, à partir des produits alimentaires présentés (salade de fruits, tarte, gâteau au chocolat…).

Cet atelier, Bernadette le réalise souvent chez les bénéficiaires présentant des troubles des fonctions cognitives à des degrés divers et/ou des troubles du comportement (anxiété, déambulation, agressivité, gestes répétitifs, retrait). Parfois, elle le met en place spontanément même s'il n'était pas prévu, pour calmer une personne victime d'une crise d'angoisse. Elle observe à chaque atelier, les bénéfices de cette activité pour l'usager.

3 Expliquez en quoi consiste l'atelier mis en place par Bernadette.

....

4 **Indiquez à quel public se destine-t-il plus particulièrement.**

....

....

5 **Donnez la durée de l'atelier mis en place par Bernadette.**

....

6 **Justifiez le choix du moment de la réalisation de cet atelier.**

....

Document 3 Évaluation de l'atelier des sens

Observations constatées chez des bénéficiaires au langage très déficitaire avec des troubles mnésiques et parfois une apraxie.	Observations constatées chez les bénéficiaires désorientés mais ayant conservé un bon niveau de langage
- augmentation de l'intérêt et diminution des comportements de retrait ; - manifestations de la communication non verbale (accrochage du regard, mimiques positives, sourires) et échanges plus développés avec le groupe ; - limitation de la déambulation et de l'agressivité ; - curiosité et une exploration spontanée du matériel proposé ; - observation de l'autre en train de faire ; - manifestation du plaisir à sentir et à faire.	- développement d'actions d'entraide spontanée ; - réactivation des souvenirs anciens ; - augmentation de la capacité à créer des liens en dehors de l'atelier ; - développement de l'autonomie et de la prise d'initiative.

7 **Parmi les dix observations constatées dans le document 3, huit correspondent aux objectifs fixés par l'atelier sensoriel. Classez-les dans le tableau ci-dessous.**

Objectifs d'un atelier sensoriel	Observations constatées chez le bénéficiaire
Solliciter la mémoire.	....
Favoriser le contact et l'attention envers l'autre.	....
Entrer en communication.	....
Favoriser le plaisir.	....
Enrichir et diversifier le champ des sollicitations sensorielles.	....

Document 4 La méthode snoezelen

Durant votre PFMP à l'ADMR de Monbalen, la responsable de secteur vous propose de participer avec les autres personnels à une journée d'information sur la méthode snoezelen.
« Le snoezelen est une contraction de deux mots néerlandais : explorer et somnoler. Il s'agit d'une pratique non-directive dont l'objectif est de donner du bien-être à la personne stimulée au travers du plaisir que lui procure l'activité dans laquelle elle est impliquée. La démarche est basée sur la stimulation de la personne par le biais de son corps et de ses 5 sens. Le snoezelen est connu pour ses effets positifs sur les personnes atteintes de handicaps mentaux sévères car il ne fait pas appel à la communication verbale.
Les espaces snoezelen sont des salles de stimulation sensorielle confortables et rassurantes, dans lesquelles on favorise la stimulation des 5 sens par la musique, les jeux de lumière, la vibration, les sensations tactiles et olfactives. Les séances d'une demi-heure environ, sont variées : aromathérapie, dalles tactiles, coin pour la relaxation, colonnes à bulles simples ou interactives, musique, et parfois même massage. Tout est pensé pour détendre les résidents et calmer leurs angoisses.
On trouve de plus en plus souvent, ces espaces dans des structures d'accueil très diversifiées, telles que les crèches, les hôpitaux gériatriques, les services « Alzheimer », les EHPAD.
On observe chez des malades qui fréquentent ces ateliers une baisse des comportements agressifs ; la communication entre personnel soignant et personnes est apaisée, des relations de meilleure qualité s'instaurent. Lorsque certaines personnes âgées très dépendantes ne sont plus capables de s'exprimer verbalement, il devient ainsi possible de rétablir un lien par le biais des émotions. »
À l'issue de cette journée de formation, la responsable demande à son personnel de mettre en œuvre le snoezelen chez certains bénéficiaires afin d'améliorer leur prise en charge.

8 Expliquez en quoi consiste le snoezelen.

....

....

9 Indiquez les personnes plus particulièrement concernées par cette méthode.

....

10 Complétez une partie de la fiche d'activité que vous allez proposer à votre responsable et que vous mettrez en œuvre chez Mme Xuan (situation professionnelle 1).

Titre : ....

Description : ....

....

Objectifs : ....

....

....

....

Organisation spatiale	Matériel
....	....
....	....
....	....
....	....
....	....

11 Listez les étapes de l'activité « Soins des mains ».

....

....

....

....

....

....

....

....

....

....

....

....

Document 5 La musique, un atelier sensoriel ludique et thérapeutique

La musique est l'une des animations les plus efficaces car, en plus de son côté ludique, elle fait appel à des fonctions cognitives qui doivent être stimulées pour que les personnes restaurent ou maintiennent leur autonomie. La capacité de concentration, l'attention et la mémoire des participants sont tout d'abord mises à l'épreuve : reconnaître des chansons, retrouver des titres ou des paroles manquantes… Sous forme de jeux ou de défis, les résidents cherchent, fouillent dans leurs souvenirs ou réfléchissent longuement. L'évocation des souvenirs est fréquente et les émotions sont exprimées. Mieux encore lorsque les personnes apprennent à jouer d'un instrument car elles sollicitent à la fois leur cerveau et leurs facultés psychomotrices. On constate également que ces activités soulagent la douleur, réduisent l'anxiété et apaisent en particulier les personnes souffrant de troubles démentiels qui se trouvent alors plus détendues. La musique s'adresse donc à un grand nombre de personnes, quels que soient leur âge, leur handicap, leur formation musicale. Parce qu'elle atteint les gens « au cœur d'eux-mêmes », la musique est particulièrement efficace pour aider à sortir de leur isolement les personnes ayant des difficultés à communiquer : la musique a un rôle social universel qui traverse tous les temps et séduit tous les publics.

12 Surlignez quatre des différents intérêts de l'animation musique présentés dans le document 5.

13 Justifiez la phrase : « La musique a un rôle social universel qui traverse tous les temps et séduit tous les publics. »

....

ACTIVITÉ 2 : L'atelier des odeurs

Document 6 Éveiller et stimuler l'olfaction

Melle Joséphine, AMP, anime aujourd'hui à la MARPA un atelier olfactif avec deux élèves stagiaires. Autour d'une table ronde sont installés 5 participants valides et semi-valides qui disposent de 6 cartes sur lesquelles un élément odorant est nommé et représenté. Devant eux sont disposés des pots opaques recouverts d'un film. Le but de l'atelier est d'identifier les éléments odorants cachés dans les pots.

Au moment de la préparation de l'atelier Melle Joséphine donne quelques conseils aux élèves.

- L'élément odorant représenté sur la carte doit être facilement identifiable (mot + image).
- Les cartes doivent être suffisamment grandes pour une identification aisée.
- Les films étirables ou papier de soie ne seront percés qu'au début de l'atelier.
- Les pots doivent être numérotés de 1 à 6 de façon à faire 2 jeux de 6 pots pour que 2 participants identifient en même temps la même odeur.
- Les différentes cartes doivent être identifiées avant le début du jeu.
- Les odeurs seront identifiées les unes après les autres par tous les participants qui choisissent une carte mais ne la dévoilent au groupe que lorsque tous ont senti le pot.

1 Indiquez les objectifs de cet atelier pour les participants.

....

....

....

2 Listez le matériel et les produits nécessaires à la réalisation de l'atelier.

....

....

....

....

....

....

....

Fiche activité

Titre :	**Type d'activité :** ....
Description :	
Public concerné :	**Dates – heure :** .... **Durée :** .... **Lieu :** ....
Objectifs :	
Responsables et partenaires éventuels :	
AVANT	
S'informer :	
Préparer et organiser : Matériel/ Produits	
PENDANT	
Réaliser :	
APRÈS	
Ranger et nettoyer :	
Transmettre :	
Évaluer :	

Chapitre 17

Les activités de la vie quotidienne

OBJECTIFS

C 3.4.1 C 3.4.5 S 1.2 S 1.4

- Choisir une ou des activités.
- Conduire et évaluer une activité individuelle ou collective.

Situations professionnelles

Situation 1

Le foyer logement « Les jardins d'Émilie », comprend 20 logements et accueille 24 personnes âgées valides et semi-valides. Chacun a son propre logement composé d'une chambre-séjour, d'une kitchenette et d'une salle de bain. Par ailleurs, des espaces communs peuvent être investis par les résidents : un atelier de créativité, une salle à manger, un parc avec un potager, une galerie de peinture. Tous les repas sont généralement, pris en commun. Votre tutrice est « maîtresse de maison » avec son assistante, elle gère le quotidien et propose des animations (15 personnes autonomes et 3 en fauteuil roulant y participent régulièrement). Le projet de vie est « garder le lien social grâce au quotidien ». Cette année le projet d'animation s'intitule « Découvrir et redécouvrir la nature ». Un partenariat existe depuis 5 ans avec l'école maternelle de la ville. Au mois d'octobre, votre tutrice vous demande de proposer une activité s'intégrant dans le projet d'animation existant. Après validation, vous conduirez votre activité avec l'aide de son assistante.

Situation 2

L'ADMR de Buzet prend en charge 58 familles dont un enfant, Pascal, 12 ans, en situation de handicap qui présente des troubles autistiques. Il comprend les informations, les consignes, il s'exprime par des mots simples sans faire de phrases. Il est accueilli la journée dans une ULIS (unités localisées pour l'inclusion scolaire). Vous intervenez avec votre tutrice AVS les lundis, mardis de 17 h 00 à 19 h 00 et les mercredis après-midi de 13 h 30 à 17 h pour de l'accompagnement.
Pascal a son propre projet personnalisé de scolarisation qui a trois grands axes :
Favoriser la communication pour une meilleure socialisation.
Développer l'autonomie, la responsabilisation.
Développer l'ouverture culturelle et l'acquisition des connaissances.
Votre tutrice vous demande de réaliser une activité sur le thème de la cuisine le mercredi après-midi.

1 Analysez les situations professionnelles.

Situation 1

Analyse de la situation	
Qui fait quoi ?	....
À qui ?	....
Où ?	....
Quand ?	....
Besoins fondamentaux pouvant être satisfaits selon l'activité choisie	....

Situation 2

Analyse de la situation	
Qui fait quoi ?	....
À qui ?	....
Où ?	....
Quand ?	....
Besoins fondamentaux pouvant être satisfaits selon l'activité choisie	....

2 Réalisez les activités 1 et 2.

Après avoir choisi une des deux situations professionnelles :

3 Complétez la fiche d'activité.

4 Organisez et conduisez l'activité choisie.

Activité 1 : Le quotidien au domicile

Document 1 L'animation à domicile et le quotidien

Au domicile, l'animation au quotidien doit prendre en compte le concept de « l'empowerment », terme anglais définit comme la capacité des personnes âgées même dépendantes de pouvoir prendre leur vie personnelle en main, c'est-à-dire de garder un pouvoir sur leurs choix dans la vie de tous les jours. Inclure les aînés dans la prise de décision nécessite des capacités considérables et une grande compréhension de la part des professionnels et de la famille. Ainsi l'aidant doit se débarrasser de l'idée « on sait bien ce qui est bon pour eux ». Ce processus ne nécessite pas la mise en place de grands projets, de grandes initiatives, de grands changements mais peut concerner des petites choses de la vie de tous les jours. Il faut penser à toujours demander les souhaits et les désirs de la personne aidée.

L'intervenant à domicile doit s'organiser autour d'activités simples du quotidien faisant le plus souvent appel aux souvenirs et stimulant l'autonomie restante. La prise en compte des anciennes pratiques, les actes de la vie quotidienne et surtout les désirs des personnes va rendre l'animation efficace dans la lutte contre la dépendance. L'utilisation du calendrier, les saisons et les évènements locaux ou nationaux offrent également des opportunités d'animations d'un jour : lecture du journal, préparation de fêtes, anniversaires, ramassage et dégustation de fruits, légumes, visites des enfants, petits-enfants…

1 Expliquez le concept « d'empowerment »

....

....

....

2 Indiquez quel type d'animation, l'accompagnant peut mettre en œuvre.

....

....

3 Complétez le tableau en donnant trois exemples d'activités quotidiennes qui sont l'occasion de solliciter les résidents d'un foyer de logement.

Moment de la journée	Exemples d'activités
Toilette et habillage	
Entretien du linge	
Entretien du cadre de vie	
Préparation et service des collations	
Passage du courrier	

4 **Donnez des exemples d'activités d'un jour qui s'intègrent dans le projet d'animation du « Jardin d'Émilie » dans la situation professionnelle 1.**

....

....

....

Document 2 Le jardin : un lieu de bien-être

Le jardinage est une activité créatrice qui permet d'éveiller ou de retrouver le plaisir des sens, de développer ou entretenir l'appareil locomoteur, de favoriser les échanges entre les participants et d'apporter du plaisir.
De plus en plus d'études témoignent de ce que le maintien de la santé, le sentiment de bien-être, la qualité du sommeil, la réduction des médicaments nécessaires, l'appétit, le goût de communiquer avec les autres, etc., sont fortement favorisés par la présence d'un jardin. Ce lieu calme doit posséder : des parcours adaptés pour pouvoir marcher longuement sans crainte de chutes, des éléments stimulants pour les sens (plaisirs liés aux parfums, à la vue d'un beau paysage…), des objets associés aux pratiques d'autrefois.

www.agevillagepro.com

5 **Surlignez dans le document 2, les intérêts d'un jardin dans une institution.**

Document 3 Exemples concrets d'activités de jardinage

Culture de graines	Culture de bulbes pour Noël	Faire une bouture de menthe

Pour faire pousser des haricots, il suffit d'acheter un sachet de graines à semer : haricots coco ou mangetout. On doit faire tremper les graines au moins 12 h avant de les faire germer, puis les déposer à la chaleur (sur un plateau sur un radiateur) sur du coton mouillé, bien étalées et remettre dessus une autre couche de coton mouillé. Après 24 h à 48 h, les haricots ont germés et on peut déjà observer les plantules. Ensuite on peut mettre en pots avec du terreau léger (ne pas enterrer) et recouvrir d'une couche de sable. Après une semaine, les haricots seront levés et auront déjà des feuilles. On peut expérimenter la plantation dans différents sols (terre de jardin, terreau, sable, argile, graviers…), et différentes situations : soleil ou ombre, arroser ou pas et faire observer et comparer ce qui marche le mieux. Laisser grandir les haricots jusqu'à floraison et fructification.	Les tulipes, jacinthes et autres narcisses plantés en pleine terre fin octobre, début novembre, ne fleuriront qu'au printemps. En cultivant ces mêmes bulbes en pot, à l'intérieur, et en leur faisant subir un « coup de froid », il est possible de les faire fleurir rapidement. Il faut tout d'abord choisir des bulbes de gros calibres qui ne doivent être ni moisis, ni tachés, ni pelés. Placez-les dans un réfrigérateur pendant une quinzaine de jours. Il faut ensuite prévoir un récipient (pot en terre cuite, vasque) rempli de terreau, billes d'argile (sur le dessus), gravier et sable (au fond), et y placer les bulbes. Ces pots seront entreposés 6 semaines à l'obscurité et au frais. Dès que les racines et les pousses apparaissent, le bulbe sera ramené à la lumière et à température ambiante, 2 semaines seront nécessaires pour l'apparition des premières fleurs.	La multiplication par bouturage est très facile et se fait immédiatement après la floraison. Une fois la tige coupée au ras de la terre, supprimez les feuilles basses de la tige pour n'en laisser que 2 ou 3 en haut. Si les feuilles terminales sont grandes, coupez-les en deux pour limiter l'évaporation. Les placer dans un verre d'eau et attendre environ 3 semaines à 1 mois. Dès que les radicelles sont apparues, il suffit de les replanter en terre ou dans un pot.

6 **Indiquez les objectifs des activités de jardinage pour les participants.**

7 **Listez le matériel et les produits nécessaires à la réalisation de l'atelier « des bulbes pour Noël » pour 5 résidents du foyer-logement.**

8 **Écrivez le déroulement de l'activité.**

ACTIVITÉ 2 : La cuisine

Document 4 — L'atelier « cuisine thérapeutique »

La cuisine thérapeutique représente une activité de soin et d'animation à part entière dans les établissements sociaux et médico-sociaux, particulièrement les établissements psychiatriques ou ceux accueillant des personnes handicapées. Son existence s'inscrit parfaitement dans le projet de soins et de vie des patients. Les repas sont des moments forts de la journée, aussi les ateliers culinaires sont des activités ludiques de premier ordre, menés en groupe ou individuellement et praticables à tous les âges. L'atelier cuisine permet aussi bien la réadaptation (rééducation manuelle et mnésique), la socialisation ou resocialisation à l'occasion de sorties à l'extérieur pour l'achat des denrées, la valorisation de l'estime de soi et le maintien de l'autonomie.

1 **Expliquez ce qu'on entend par « cuisine thérapeutique ».**

....

....

2 **Citez les publics concernés par ces ateliers.**

....

Document 5 — L'affiche du gâteau aux poires

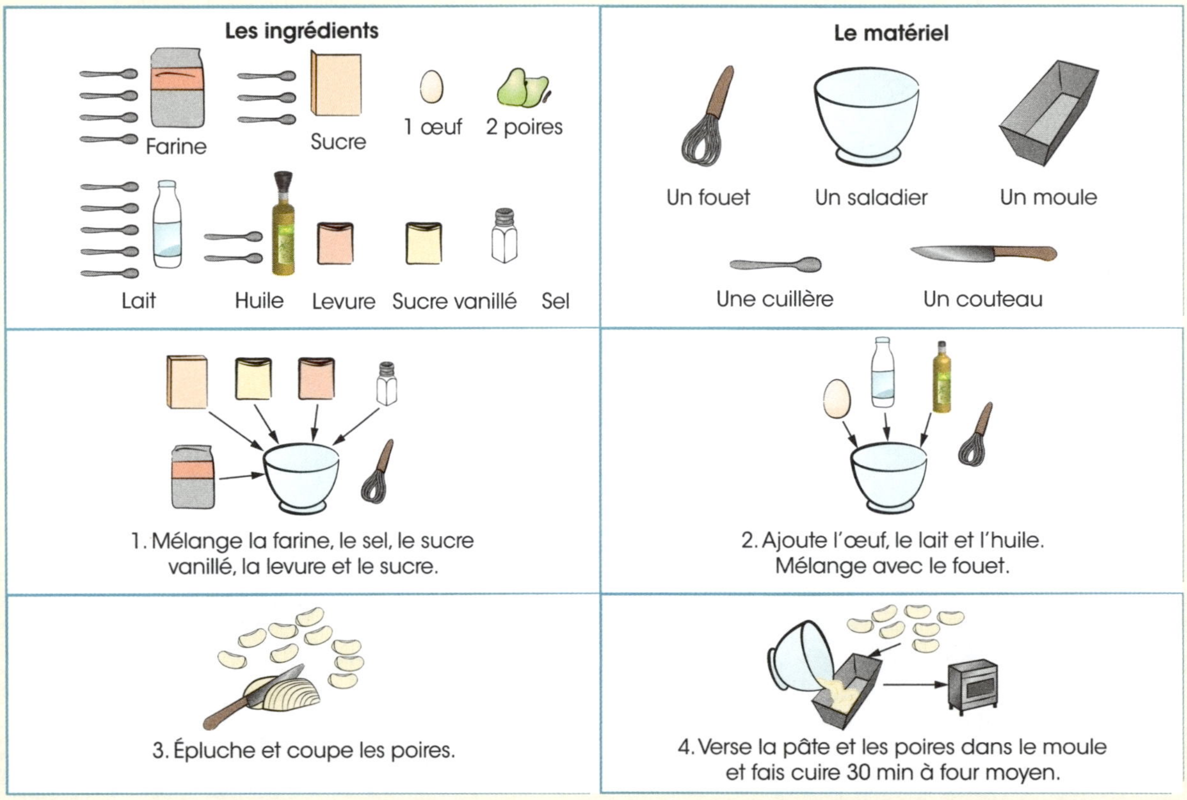

3 Listez les questions que vous allez poser à Pascal avant de commencer l'activité.

4 Indiquez des mesures que vous prenez pour assurer la sécurité d'un enfant au cours d'un atelier « cuisine » :

Tout au long de l'atelier :

Utilisation des couteaux :

Comportement autour de l'espace de cuisson :

Aménagement de l'environnement :

Utilisation de petits équipements électriques :

Fiche activité

Titre :	Type d'activité : ....
Description :	
Public concerné :	Dates – heure : ....
	Durée : ....
	Lieu : ....

Objectifs :

....

....

....

Responsables et partenaires éventuels : ....

AVANT

S'informer : ....

....

Préparer et organiser :

Matériel/ Produits

....

....

PENDANT

Réaliser :

....

....

....

....

....

....

....

....

....

....

....

....

APRÈS

Ranger et nettoyer : ....

Transmettre : ....

Évaluer : ....

Les activités de maintien de l'autonomie et de la vie sociale

Chapitre 18

OBJECTIFS

C 3.4.1 C 3.4.5 S 1.2 S 1.4

- Choisir une ou des activités.
- Conduire et évaluer une activité individuelle ou collective.

Situations professionnelles

Situation 1

L'ADMR de GazecMein prend en charge 450 foyers. Le personnel comprend 60 personnes dont 15 AVS. Les bénéficiaires sont pour la plupart des personnes âgées de GIR (groupe iso-ressource) 3 et 4 mais aussi des enfants et adultes handicapés. Vous intervenez avec Bénédicte, votre tutrice, chez M. Lolan qui a besoin d'aide pour sa toilette et qui bénéficie d'heures d'accompagnement. Une AVS vient 1 heure tous les matins et vous intervenez le lundi et le jeudi de 14 h à 16 h, chaque semaine. M. Lolan est une personne aimable qui présente une hémiplégie droite et parfois une confusion légère avec perte de mémoire.
En accord avec les différents partenaires qui assurent le suivi de M. Lolan, votre tutrice vous demande de l'aider à réaliser une information pour la famille de M. Lolan sur l'importance de l'activation cérébrale dans le maintien de l'autonomie et de mettre en place une animation mémoire d'environ 30 minutes, 2 fois par semaine, durant ce mois de novembre.

Situation 2

La MARPA Picasso accueille 26 résidents âgés avec une moyenne d'âge de 83 ans. Il s'agit de personnes valides et semi-valides dont 4 couples, qui sont accueillis de façon permanente dans des appartements privés. La MARPA possède également un studio d'hébergement temporaire. Le projet de vie est « Garder le lien social ». Cette année, le projet d'animation s'intitule « Découvrir et redécouvrir la nature ensemble ». Ce projet est né de la rencontre de l'animatrice de la MARPA et de celle de l'accueil de loisirs voisin qui ont voulu créer des liens intergénérationnels.
L'accueil de loisirs sans hébergement (ALSH) accueille environ 30 enfants de 3 à 11 ans, tous les mercredis et pendant les vacances scolaires.
L'animatrice de la MARPA vous présente le projet d'animation se déroulant d'octobre à mars pour les résidents. Vous constatez que plusieurs rencontres avec les enfants sont programmées. Elle vous demande de mette en place une activité qui aura lieu le 21 mars au cours de votre 3e semaine de PFMP.

1 Analysez les situations professionnelles.

Situation 1

Analyse de la situation	
Qui fait quoi ?	....
À qui ?	....
Où ?	....
Quand ?	....
Besoins fondamentaux pouvant être satisfaits selon l'activité choisie	....

Situation 2

Analyse de la situation	
Qui fait quoi ?	....
À qui ?	....
Où ?	....
Quand ?	....
Besoins fondamentaux pouvant être satisfaits selon l'activité choisie	....

2 Réalisez les activités 1 et 2.

Après avoir choisi une des deux situations professionnelles :

3 Complétez la fiche d'activité.

4 Organisez et conduisez l'activité choisie.

ACTIVITÉ 1 : Les animations mémoire

Document 1 La mémoire dans tous ses états

La mémoire c'est l'aptitude d'enregistrer, de conserver et de restituer des données. Un premier critère, celui de la durée du souvenir, permet de distinguer au moins trois types de mémoire : la mémoire sensorielle (moins d'une seconde), la mémoire à court terme et la mémoire à long terme (mais d'autres critères amènent d'autres subdivisions…). « Aujourd'hui, il est à peu près admis que l'être humain possède au moins cinq systèmes de mémoire. On opère d'abord une distinction entre la mémoire de travail ou à court terme qui ne stocke que peu de données pendant quelques secondes et la mémoire à long terme qui dure des mois voire des années. Ensuite on scinde cette mémoire à long terme en quatre autres systèmes qui diffèrent tant par leur fonctionnement que par la nature des informations mémorisées. La mémoire procédurale est celle de nos automatismes acquis par la répétition. Nous l'activons la plupart du temps inconsciemment : lorsqu'on sait faire du vélo, on ne l'oublie pas mais on ne se rappelle pas consciemment comment on l'a appris. La mémoire perceptive est celle qu'enregistrent nos sens. Elle est très souvent inconsciente aussi : on reconnaît une odeur sans forcément se rappeler quand on l'a perçue la première fois. La mémoire sémantique conserve les connaissances que nous avons accumulées sur nous (profession, âge, nationalité, etc.) et sur le monde. Elle a un caractère encyclopédique et est parfois inconsciente : lorsque nous dialoguons, nous faisons appel à notre mémoire sémantique (grammaire, vocabulaire) sans le savoir pour formuler des phrases et les comprendre. Enfin, le dernier système, la mémoire épisodique est propre à l'homme. Il nous permet de revivre consciemment des événements de notre passé. Et aussi de nous projeter dans l'avenir. »

La Recherche n° 432 - Juillet-Août 2009

1 **Surlignez dans le document 1, la définition de la mémoire.**

2 **Complétez le schéma suivant les différents systèmes de mémoire.**

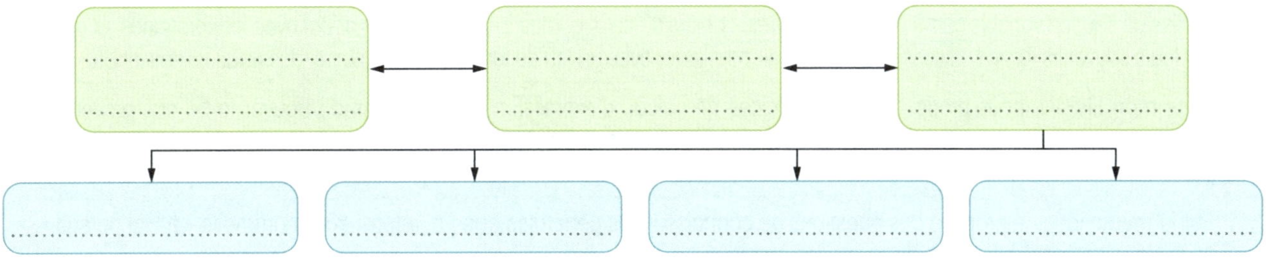

3 **Différenciez la mémoire à court terme et à long terme.**

....

....

4 **Associez par des flèches des exemples pour les différents systèmes mnésiques.**

Mémoire sensorielle	Retenir un numéro de téléphone, le temps de le composer
Mémoire à court terme	Reconnaître le parfum ou l'odeur de sa mère
Mémoire procédurale	Souvenir d'une fête, du repas de la veille
Mémoire perceptive	Se souvenir de sa date de naissance, faire des phrases
Mémoire sémantique	Jongler, faire du vélo
Mémoire épisodique	Souvenir d'une image, d'un son

5 **Justifiez le fait d'avoir des connaissances sur la mémoire pour mettre en place une activité mémoire à domicile.**

....

Document 2 L'activation cérébrale

« Lorsque l'on vieillit, le manque d'intérêt porté à notre environnement est plus délétère que l'âge. Il est « le » fauteur de troubles dans notre mémoire. Le parcours d'une vie n'est pas un long fleuve tranquille ; il est, en effet, ponctué par de nombreux événements (conflits familiaux, départ en retraite, mariage des enfants, deuils des proches, ou encore problèmes de santé), signes de ruptures de vie et responsables de « trous de mémoire ». S'il est vrai qu'en vieillissant les mécanismes de notre mémoire, tels l'acquisition, le stockage et la restitution des informations, se ralentissent, leur performance n'est pas pour autant altérée. » Certains médicaments ou une pathologie neurologique peuvent également causer des troubles mnésiques tout comme une hygiène de vie défectueuse, en particulier un manque de sommeil. L'activation cérébrale est un ensemble de méthodes destinées à entraîner la mémoire afin de réapprendre et d'avoir une meilleure confiance dans ses capacités mnésiques.

Sources « *Soins gérontologie* » – n° 53 - mai/juin 2005
www.memoireetvie.com

6 Surlignez dans le document 2, les facteurs qui interagissent sur la mémoire.

7 Définissez et donnez le rôle de l'activation cérébrale.

....

Document 3 Extraits d'échanges sur un blog d'animateurs

Je suis AMP et j'ai déjà réalisé beaucoup de jeux de lettres : mots croisés géants, alphabet des fruits et des légumes, scrabble géant, nommer des mots de la même famille…
Je suis animatrice et pour démarrer mes activités mémoire je choisis différents thèmes (le mariage, la famille, l'école, etc.) et j'utilise un support variable comme d'anciens livres, cahiers d'école, photos… pour ouvrir un débat avec les personnes, et partager leurs souvenirs lors de discussions. Ensuite on peut jouer avec un jeu de famille, des dominos, des puzzles, des tangram.
Dans mon EHPAD, nous proposons des exercices de calcul, d'expressions orales comme : trouver la fin des proverbes, trouver des noms de pays, des villes commençant par les lettres de l'alphabet, trouver des synonymes, catégoriser des mots par famille.
Sur la même idée, je propose des questions de connaissances générales que j'ai reformulées comme le « trivial pursuit ». Je fais également des lotos de fleurs ou des animaux.
Ce qui fonctionne très bien, c'est le pendu. Il suffit de l'adapter avec de simples mots ou même des expressions connues, des proverbes…
La mémoire sensorielle peut également être stimulée avec des jeux de Kim. Remettre des images dans l'ordre permet de travailler son orientation.

8 Surlignez les jeux que vous pouvez proposer lors d'une animation mémoire.

9 Complétez le tableau en vous aidant du document 4 et de vos connaissances.

Type de jeux	Définition	Exemples
Jeux de classement		
Jeux d'orientation dans l'espace		

Document 4 Le tract et le dépliant : des outils d'informations

Le tract	Le dépliant
Définition Un tract, ou *flyer*, est un imprimé de petite taille, souvent en couleur, destiné à être diffusé à un public ciblé. Il est distribué de la main à la main dans les rassemblements, sur les trottoirs ou déposé dans les boîtes aux lettres. Il prend le nom de « prospectus » dans le cas où il présente un sujet uniquement commercial. **Objectifs** Le tract permet d'informer, de favoriser la prise de conscience afin d'agir sur une opinion ou un comportement. Il sert à annoncer un évènement artistique, culturel ou politique. **Caractéristiques** Le texte est court et précis et expose la situation. Il doit contenir les informations suivantes : - titre ; - illustrations ; - exposé des faits marquants ; - identification de l'émetteur ; - propositions d'action ; - propos pour motiver le public concerné avec des consignes ou des informations pratiques. Le format peut être un A5 ou un A6. Il doit mentionner « ne pas jeter sur la voie publique ».	**Définition** C'est une information sur un thème donné, présentée sur un support papier qui se déplie. **Objectifs** Il permet de présenter progressivement une information argumentée et est destiné à un public cible. **Caractéristiques** La composition du dépliant dépend du nombre de pages. La 1re page présente le thème traité et doit attirer la curiosité. Les autres pages exposent chacune une idée principale. La dernière page donne des informations plus pratiques ou des consignes particulières. La mise en page doit être aérée. Les illustrations sont nombreuses. Il faut utiliser différents caractères typographiques (taille, police, majuscules, gras, italique…).

10 Réalisez un tract ou un dépliant présentant la mémoire et les activités « mémoires ».

ACTIVITÉ 2 : Les rencontres intergénérationnelles

Document 5 Maintenir la vie sociale avec l'extérieur de l'établissement

Dans une structure d'hébergement, le personnel, les bénévoles et les familles peuvent favoriser le contact avec l'environnement extérieur en aidant les résidents à aller aux réunions des clubs voisins, à effectuer des promenades en ville (magasins, marché, démarches administratives…), à faire une sortie au restaurant, à préparer un pique-nique. Le maintien du lien social peut également se faire à l'intérieur de la structure, en particulier pour les résidents ne pouvant se déplacer, en organisant des spectacles, échanges de courriers et de dessins, goûters.
Appréciées des petits comme des grands, les rencontres intergénérationnelles sont également l'occasion de partager, d'échanger et de maintenir l'autonomie sociale, de stimuler la mémoire des résidents. Pour les enfants, il est utile d'établir un lien avec les anciennes générations pour développer les valeurs humanistes de culture et d'éthique et apprendre à construire leur identité et à se structurer dans le temps.

1 Expliquez ce que sont les échanges intergénérationnels.

....

2 Donnez les intérêts de ces rencontres :

Pour les enfants : ....

....

Pour les personnes âgées : ....

....

3 Indiquez les activités proposées dans le document 5 qui répondent au projet de vie et d'animation de la MARPA Picasso dans la situation 2.

....

....

....

....

Document 6 Lacourt-Saint-Pierre : Une rencontre intergénérationnelle pour terminer l'année

« Pour la dernière rencontre intergénérationnelle de l'année scolaire, un projet a été mené en partenariat avec la maison de retraite d'Escatalens, le réseau lecture de la communauté de communes Garonne et Canal et l'accueil de loisirs.
Pour cette journée, les enfants avaient préparé une exposition sur le projet « Meubles en carton » et le projet « Jardin », qu'ils ont fait découvrir aux résidents de la maison de retraite et à leurs parents le soir. Ce sont eux aussi qui ont préparé le repas de midi au cours de l'atelier cuisine (salade, quiche et pizzas). La maison de retraite d'Escatalens avait offert le goûter et les boissons. Après le repas, les résidents et les enfants ont pu profiter d'une intervention de M. Bégué, du Syndicat départemental d'apiculteurs « L'abeille tarn-et-garonnaise », venu parler du rôle des abeilles dans la biodiversité. Après une dégustation, chacun a eu droit à un petit pot de miel. La journée n'étant pas terminée, le réseau lecture de la communauté de communes Garonne et Canal avait proposé une intervention de Nicolas, de l'association Réel, qui a fait découvrir aux enfants de fabuleuses histoires.
C'est une année scolaire qui s'achève, mais pour les enfants et les résidents de la maison de retraite, ce n'est qu'un au revoir car l'année prochaine, ils pourront de nouveau se revoir. »

La Dépêche du Midi, 30/06/2011

4 Complétez une partie de la fiche projet à partir du document 6.

Titre :
....
Description du projet en 3 lignes :
....
....
....
Public concerné :
....
....
Objectifs :
....
....
....

5 Citez les principales étapes de la préparation de la journée de rencontre intergénérationnelle à Lacourt-Saint-Pierre.

....

....

....

....

....

Fiche activité

Titre :	Type d'activité : ....
Description :	
Public concerné :	Dates – heure : .... Durée : .... Lieu : ....
Objectifs :	
Responsables et partenaires éventuels :	
AVANT	
S'informer :	
Préparer et organiser : Matériel/ Produits	
PENDANT	
Réaliser :	
APRÈS	
Ranger et nettoyer :	
Transmettre :	
Évaluer :	

Chapitre 19

Les activités motrices

OBJECTIFS

C 3.4.1 C 3.4.5 S 1.2 S 1.4

- Choisir une ou des activités
- Conduire et évaluer une activité individuelle ou collective

Situations professionnelles

Situation 1

Arnold a 12 ans. Il présente une trisomie 21 se manifestant par une déficience intellectuelle importante. Il fréquente chaque jour l'IME Puy Griou qui reçoit 59 enfants de 6 à 14 ans, dont 25 en internat, présentant des troubles cognitifs et neuropsychiques. La prise en charge est à la fois médicale et éducative. L'objectif primordial est de maintenir les acquis et développer le plus possible l'autonomie dans la vie quotidienne, sociale et l'ouverture sur le monde extérieur.
Chaque enfant a un projet de vie individualisé avec une approche commune selon 3 axes :
– Travail sur le geste, la motricité fine et globale.
– Gestion de la vie quotidienne.
– Travail sur l'épanouissement individuel.
Vous prenez en charge Arnold à son domicile tous les mercredis de 14 h à 18 h avec votre tuteur Jean-Claude, AVS.
La maman d'Arnold, en accord avec l'éducateur responsable de l'IME, vous demande de prévoir des activités motrices tous les mercredis après midi. Jean-Claude vous demande de lui présenter des activités pour les 5 mercredis de votre PFMP (7 novembre au 17 décembre).

Situation 2

Les 30 résidents de la MARPA Rosette sont accueillis dans 22 logements permanents et 1 temporaire. Ces personnes autonomes ou en perte d'autonomie vivent chez eux en profitant d'espaces collectifs : cuisine, salle à manger, petit salon, salon d'animation, espace télévision, terrasse et jardin.
Le personnel aidant est composé d'une maîtresse de maison et de 6 agents polyvalents. Une animatrice, Bénédicte, a été embauchée récemment. Jusqu'alors, les animations régulièrement proposées étaient : la gymnastique douce, les jeux, les sorties.
Bénédicte vous demande de prévoir des activités au cours de votre PFMP s'intégrant dans le projet « maintien de l'autonomie motrice » de la structure. Vous prenez connaissance de ce projet d'animation établit d'avril à juin. Deux activités motrices sont prévues par semaine et se déroulent par périodes de 6 semaines avec un thème de travail différent sur chaque période.

1 Analysez les situations professionnelles.

Situation 1

Analyse de la situation	
Qui fait quoi ?	....
À qui ?	....
Où ?	....
Quand ?	....
Besoins fondamentaux pouvant être satisfaits selon l'activité choisie	....

Situation 2

Analyse de la situation	
Qui fait quoi ?	....
À qui ?	....
Où ?	....
Quand ?	....
Besoins fondamentaux pouvant être satisfaits selon l'activité choisie	....

2 Réalisez les activités 1, 2 et 3.

Après avoir choisi une des deux situations professionnelles :

3 Complétez la fiche d'activité.

4 Organisez et conduisez l'activité choisie.

ACTIVITÉ 1 : Les sorties

Document 1 L'activité physique et le vieillissement

Avec l'âge et les pathologies liées au vieillissement, les capacités physiques diminuent. On constate une diminution des fibres musculaires (sarcopénie), de la force musculaire et du nombre de plaques motrices. La diminution de la densité osseuse et l'usure des cartilages articulaires sont également responsables de la perte de motricité. La mobilité doit par conséquent être entretenue, pour ralentir l'évolution vers la dépendance. L'activité physique doit être adaptée aux capacités, aux pathologies, aux habitudes mais aussi à la perte de l'envie de bouger et parfois à l'inadaptation de l'environnement de la personne vieillissante.

Elle peut prendre des formes différentes ; promenade, jardinage, sortie à l'extérieur ou faire l'objet d'une intervention extérieure d'un animateur en gymnastique, danse, Tai-chi, Pilate…

Lors d'une simple sortie, il est recommandé que les professionnels soient en nombre suffisant pour accompagner les personnes et qu'ils soient formés aux techniques d'aide à la marche. Ces professionnels, soignants ou animateurs, doivent encourager les personnes à participer aux ateliers mais aussi à avoir une activité physique quotidienne pour favoriser le maintien de la mobilité physique et donc l'autonomie fonctionnelle.

1 Indiquez les modifications de l'appareil locomoteur chez la personne âgée en complétant le tableau ci-dessous.

Modifications musculaires	Modifications osseuses
....	....
....	....
....	

2 Surlignez dans le document 1 les différentes activités pouvant être mises en place pour stimuler la motricité.

3 Citez des conseils pour les animateurs d'activités motrices.

....

....

....

Document 2 Programme de la résidence « Les jardins du Castel »

Lundi	Gymnastique douce de 11 h à 11 h 45	Bar-boutique ouvert de 14 h 30 à 16 h 30 Atelier mémoire de 15 h à 17 h Cinéma à 15 h 30 le 1er lundi du mois
Mardi	Chants de 11 h à 11 h 45	Jeux de société de 14 h 30 à 16 h 30 Ateliers divers : de 15 h à 17 h Thé dansant de 14 h 30 à 16 h 30 le 2e mardi du mois
Mercredi	Messe à la chapelle de 10 h 30 à 11 h 15 Sortie au marché de 10 h 30 à 11 h 30	Travaux manuels de 15 h à 17 h Goûter des anniversaires de 15 h à 17 h le dernier mercredi du mois
Jeudi	Atelier Mémoire de 10 h 45 à 11 h 45	Bar-Boutique ouvert de 14 h 30 à 16 h 30 Jeux de société de 14 h 30 à 16 h 30 Sorties nature ou ville en alternance tous les 15 jours
Vendredi	Atelier lecture	Jardinage de 14 h 30 à 16 h Travaux manuels de 15 h à 17 h

4 **Surlignez les animations stimulant les capacités motrices dans le programme de la résidence « Les jardins du Castel ».**

Document 3 Accompagner la personne dans ses sorties : un véritable soin

L'accompagnement thérapeutique peut relever soit d'une prescription médicale, soit d'une décision d'équipe comme en EHPAD par exemple. La demande peut quelquefois être formulée par le bénéficiaire d'intervention à domicile. Dans tous les cas, il fait l'objet d'une réflexion et d'une préparation pour définir sa fréquence, sa durée et établir un objectif individualisé. Il peut être consacré à des loisirs, à des consultations médicales, à des soins de confort ou à des démarches sociales.
Cette sortie est l'occasion pour le soignant ou l'aidant de détecter des phobies sociales, des conduites d'évitement, d'évaluer l'autonomie restante mais aussi de créer des liens privilégiés qui vont favoriser la confidence. L'aidant doit alors faire la part des informations qui resteront confidentielles et celles qui seront partagées avec les autres intervenants et la famille. Parfois, il sera amené à demander son accord au bénéficiaire avant de transmettre ses dires à d'autres soignants. L'aidant lors de la sortie est responsable de la sécurité du bénéficiaire et doit avoir une présence permanente rassurante et une attention redoublée. Au retour, l'aidant doit assurer la transmission des informations comme pour tout soin.

Revue « l'aide-soignante », octobre 2010

5 **Donnez 1 exemple de sorties en complétant le document suivant.**

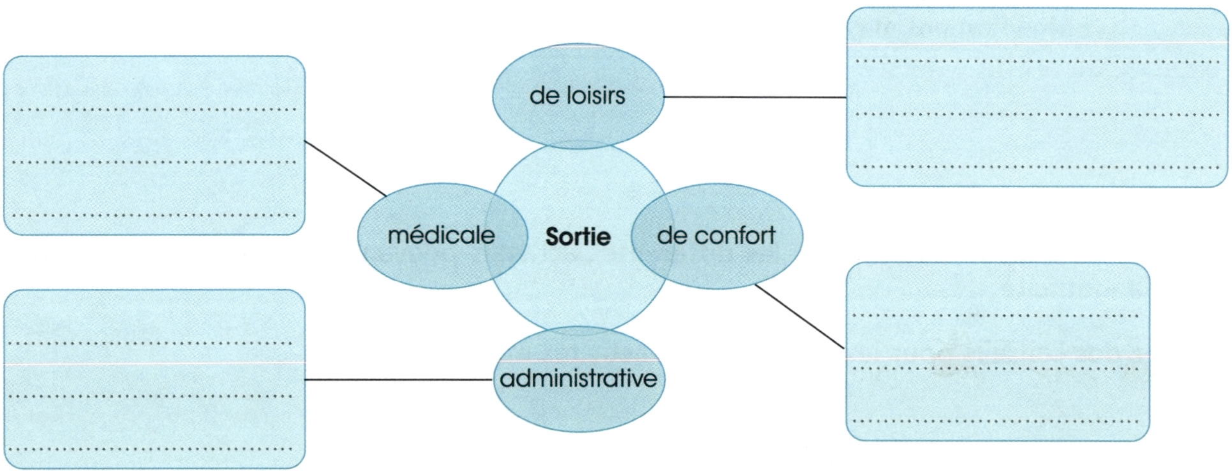

6 **Indiquez ce que les sorties peuvent apporter à l'aidant pour le projet de vie de l'usager.**

....

....

....

7 **Donnez des exemples d'informations confidentielles et d'informations à partager avec l'équipe ou la famille.**

Informations à partager	Informations confidentielles
....	....
....	....
....	....
....	....
....	....

ACTIVITÉ 2 : Motricité et vieillissement

Document 4 Atelier Gym Douce

L'atelier de Gym Douce s'adresse à tous, quels que soient les capacités et les handicaps physiques. Il a lieu une fois par semaine et se déroule debout, assis sur une chaise ou dans un fauteuil roulant. Les exercices proposés peuvent être : des exercices d'amplitude, de souplesse, de résistance ou de tonicité. Il a pour objectif de maintenir voire de développer les capacités motrices, l'équilibre, de contribuer à lutter contre le risque de chute, de prévenir les troubles du transit et de l'appétit, favoriser le sommeil mais aussi de créer des échanges et avoir du plaisir à être ensemble. Une séance se déroule sur un modèle précis : Il faut commencer par l'échauffement en se frottant les mains, les poignets, les bras, le visage, les jambes. Puis on commence les exercices des articulations des mains, poignets et bras. Les mouvements peuvent être des rotations, d'avant en arrière. Les résidents effectuent ensuite divers mouvements pour travailler le dos à l'aide d'un bâton de gym ou d'une bouteille en plastique à moitié remplie de sable. Viennent ensuite les jambes, les chevilles et les pieds que l'on travaille également assis en les soulevant 2 à 3 secondes en les croisant. L'atelier peut se poursuivre par des jeux d'adresse et de coordination avec des cerceaux ou des ballons en mousse par exemple. La séance se termine par de la relaxation, chacun ferme les yeux et détend ses muscles en les visualisant depuis la tête jusqu'aux pieds.

1 Surlignez 5 intérêts de l'atelier gym douce dans le processus de vieillissement dans le document 4.

2 Complétez le tableau en nommant le matériel utilisé et les parties du corps stimulées par l'exercice ou les facultés sollicitées.

3 Reliez par des flèches les activités de 1 à 9 aux différentes étapes proposées.

Exemples d'exercices	Etapes proposées
1/ Je distribue une petite balle à chacun. Le participant doit passer la balle sous ses jambes dans un sens puis dans l'autre. •	
2/ Sans matériel, chacun ferme les yeux, doit toucher son front, ses yeux, son nez et autres parties du corps. •	
3/ La personne se masse avec une balle en mousse, les bras, les jambes, la tête. •	
4/ Je donne une épingle à linge à chacun. Les personnes doivent essayer de l'ouvrir entre le pouce et l'index, le pouce et le majeur, ainsi de suite. On termine avec la paume de la main et tous les doigts. •	• Échauffement • Mouvements des membres supérieurs
5/ La personne tient une bouteille en plastique par le goulot dans chaque main. Les bras tendus à hauteur du nombril, elle fait des mouvements circulaires. L'exercice est répété avec les bras à hauteur des épaules puis à hauteur des yeux. •	• Travail musculaire du dos • Mouvements des membres inférieurs
6/ Je dispose de 3 balles en mousse de couleur différente. Je lance à travers une table, chaque balle l'une après l'autre, et la personne doit la rattraper. Elle peut refaire le même exercice. Ensuite je peux lui indiquer la couleur de la balle qu'elle doit lancer et ceci de plus en plus vite... •	• Exercices d'adresse et de coordination • Relaxation
7/ Les résidents sont en cercle, un ferme les yeux, on lui lance le ballon en disant top, il ouvre les yeux et doit rattraper le ballon. •	
8/ Je décris un participant, la personne qui a la balle doit la lui envoyer. •	
9/ J'installe des bouteilles vides numérotées, le participant doit lancer les balles pour les faire tomber. •	

4 Présentez l'organisation spatiale des résidents et de l'animateur pour les activités motrices.

....

....

Activité 3 : Motricité et handicap

Document 5 Prise en charge de l'enfant trisomique

La scolarisation d'un enfant trisomique est organisée avec le soutien d'un service de guidance comme les Camsp (enfants de la naissance à 6 ans), des Sessad, des CMP ou CMPP. Par ailleurs, des associations apportent leur concours à la prise en charge de ces enfants. Selon son âge et selon ses capacités, l'enfant est scolarisé en classe ordinaire à temps complet ou partiel, en Clis, en ULIS ou en IME. Les partenaires des enseignants et des parents sont des médecins (pédiatre, psychiatre), psychologues, rééducateurs (orthophoniste, kinésithérapeute, psychomotricien, etc.) et éducateurs spécialisés. Pour tous ces enfants et à tout âge, la prise en charge motrice est importante pour accompagner l'enfant dans son développement. Chez le tout-petit, il s'agit d'inciter l'enfant à se déplacer afin d'accéder à la marche. Puis, l'enfant grandissant, il est nécessaire de lui présenter des exercices ludiques de parcours variés (poutres, escaliers, plans inclinés, etc.) et des jeux de ballon et de manipulation fine pour réduire les difficultés liées à la coordination des gestes, à l'équilibre, à l'hypotonie et pour améliorer la préhension. Un travail de musculation et de tonification est utile pour prévenir le risque de scoliose. Des exercices de motricité couplés à l'orthophonie permettent également d'améliorer les difficultés orofaciales (troubles de l'articulation et respiration par la bouche). Ces problèmes de l'oralité rendent plus complexe la socialisation. La prise en charge psychomotrice va aider l'enfant à organiser son schéma corporel, à adapter ses mouvements dans le temps et l'espace, à accéder au plaisir de la liberté de mouvement.

http://www.integrascol.fr

1 **Relevez et développez les sigles des structures présentées dans le document 6.**

....

....

....

....

2 **Surlignez en bleu, les objectifs du travail de motricité chez les enfants atteints de trisomie.**

3 **Surlignez en rose, les professionnels partenaires de la prise en charge des enfants trisomiques.**

4 **Indiquez si les ateliers de motricité proposés par Valérie page 156, peuvent convenir à Arnold. Cochez la bonne réponse et justifiez.**

Ateliers	oui	non	Justifications
1	....	....	....
2	....	....	....
3	....	....	....
4	....	....	....
5	....	....	....
6	....	....	....
7	....	....	....
8	....	....	....
9	....	....	....

Fiche activité

Titre :	Type d'activité : ....
Description :	
Public concerné :	Dates – heure : .... Durée : .... Lieu : ....
Objectifs :	
Responsables et partenaires éventuels :	
AVANT	
S'informer :	
Préparer et organiser : Matériel/ Produits	
PENDANT	
Réaliser :	
APRÈS	
Ranger et nettoyer :	
Transmettre :	
Évaluer :	

Préparer et conduire une réunion

Chapitre 20

OBJECTIFS

C 1.2 C 2.1 C 2.2

- Définir les différents types de réunion.
- Justifier le choix d'un type de réunion selon l'objectif retenu.
- Présenter les différentes phases pour mettre en place une réunion.
- Indiquer les fonctions, attitudes et qualités d'un animateur.
- Justifier le choix et l'intérêt des différents outils ou documents utilisés lors d'une réunion.

Situation professionnelle

Sara Marsso est responsable de la résidence des Canalets. Cette résidence s'adresse aux personnes âgées valides, semi-valides et autonomes. Tous les intervenants médicaux et paramédicaux viennent tous les jours (infirmiers libéraux, médecins, kinésithérapeutes, pédicure, podologue...). Elle comporte une partie commune composée d'une salle de restauration, d'une salle de réunions et d'une salle d'animations, d'une cuisine où le personnel prépare et sert les repas. La partie privée est articulée autour d'un patio et comporte 20 appartements de type T1 bis. Cette résidence accueille aujourd'hui 20 résidents et une équipe de professionnels de 8 personnes. Le concept est très simple : « vivre chez soi le plus longtemps possible ».
Le 3 novembre, Mme Marsso vous expose le travail attendu pour les prochaines semaines :
outre les travaux de soins et les animations habituelles, vous aurez en charge quelques tâches administratives pour l'assister dans son travail. Vous lui apporterez notamment votre aide pour l'organisation d'une réunion animée par M. Bernard qui viendra présenter du matériel d'animation (société TPLS).

1 Réalisez les activités 1, 2 et 3.

ACTIVITÉ 1 : L'organisation de la réunion

Document 1 Les différents types de réunions

En fonction des objectifs souhaités :

Réunion d'information descendante : elle permet à la direction de faire passer un message au groupe. Il est important que le groupe puisse poser des questions pour éclaircir ou approfondir certains points.

Réunion d'information ascendante : l'enjeu est de faire remonter des données vers l'animateur, pour valider ou compléter une information. Ces réunions permettent au groupe de s'exprimer, de donner une opinion…

Réunion de résolution de problèmes : il s'agit de résoudre un problème qui se pose, ou de donner un avis, de prendre une décision, d'analyser les propositions pour décider d'actions à entreprendre.

Réunion de discussion (ou de concertation) : l'objectif est de permettre au groupe de discuter, d'échanger sur un thème. Elle favorise l'expression et les échanges d'idées.

En fonction de leur fréquence :

Réunions institutionnelles : peu fréquentes et prévues dans les textes (assemblée générale, conseil d'administration…).

Réunions habituelles : prévues et régulières, elles s'insèrent dans le fonctionnement général du service.

Réunions occasionnelles : organisées en fonction des nécessités ou pour la préparation d'un évènement particulier (départ à la retraite d'un collègue).

En fonction de leurs participants :

Réunions internes : Elles ne regroupent que des personnels de l'entreprise.

Réunions accueillant des participants extérieurs : le personnel doit être attentif à l'image de l'entreprise qui doit être valorisée.

1 **Cochez les cases correspondant au type de réunion proposé dans le tableau ci-dessous.**

Réunions	D'information ascendante	D'information descendante	De résolution de problèmes	De concertation	Interne	Habituelle	Occasionnelle
Plaintes des équipes au niveau des horaires de travail.	…………	…………	…………	…………	…………	…………	…………
Informations pour le plan canicule.	…………	…………	…………	…………	…………	…………	…………
Sol des allées du jardin non stable : urgent.	…………	…………	…………	…………	…………	…………	…………
Préparation journée portes ouvertes avec les familles.	…………	…………	…………	…………	×	…………	…………
Planification des activités hebdomadaires.	…………	…………	…………	…………	…………	…………	…………

Document 2 La disposition des tables

Le choix de la disposition de la salle se fait en fonction de l'objectif de la réunion et du nombre de participants. Pour les conférences ou assimilés, la disposition en salle de spectacle est plus adaptée. Pour les réunions en petit comité, il est possible de choisir parmi plusieurs possibilités. Il est préférable que les participants se voient afin de mieux communiquer.

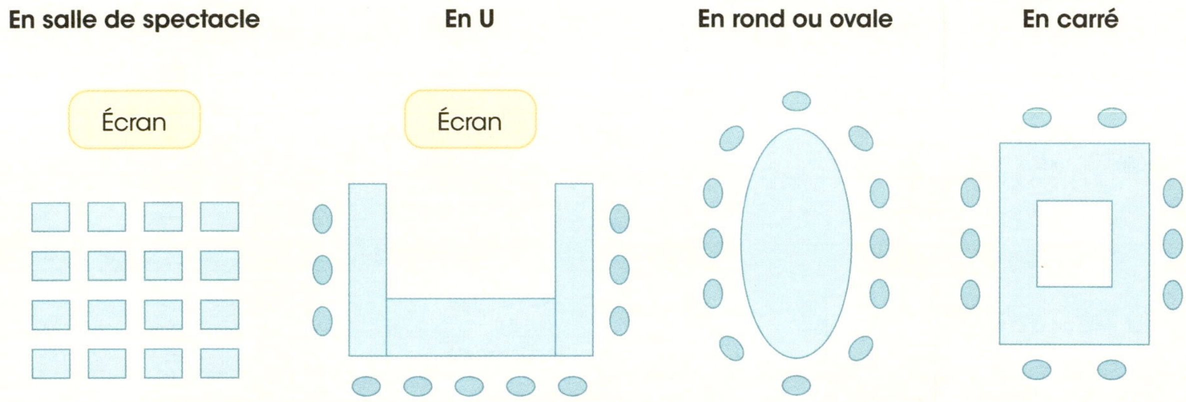

2 Présentez sur le plan, la meilleure disposition possible de la salle pour la prochaine réunion. Sont convoqués : la responsable, 4 agents polyvalents, et vous-même. Aidez-vous du matériel ci-dessous.

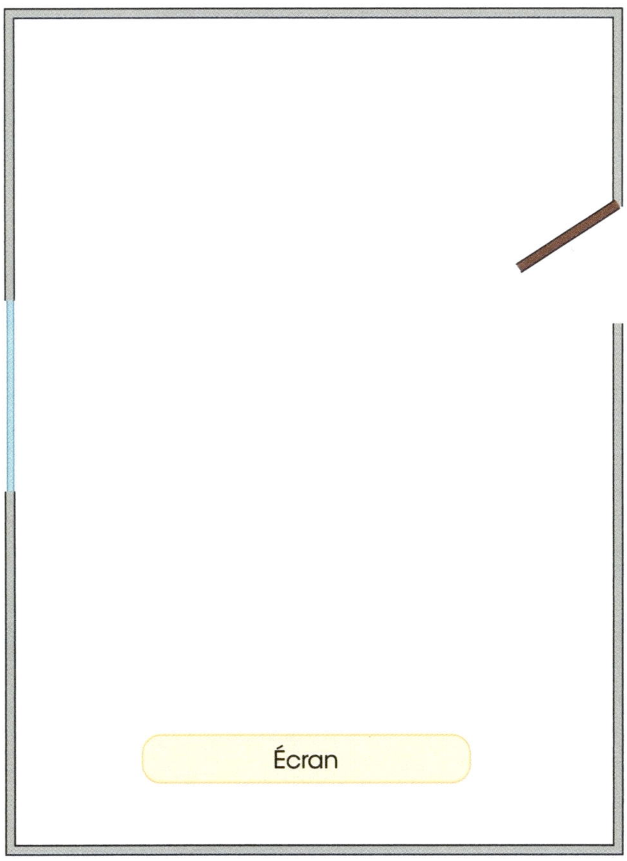

Chaises de bureau

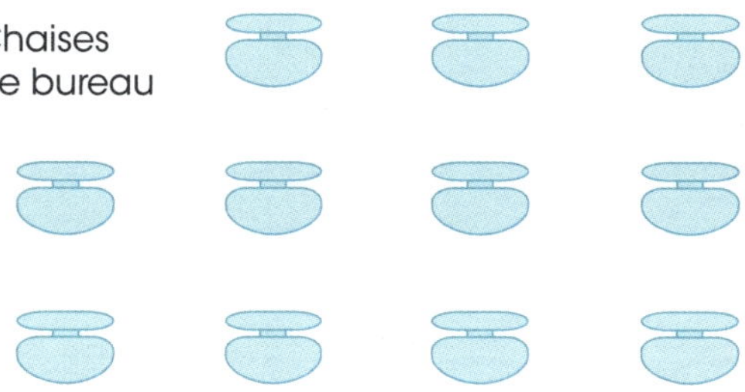

Tables

Document 3 Agenda du mois de novembre de Mme Marsso

Lundi 3	h	Mardi 4
	9	
Réunion hebdomadaire	10	
Réunion urgent allées	11	RV Mme Leroy
	12	
	13	
	14	RV Mme Gerlet
Visite des services du	15	
Conseil Général	16	
	17	
	18	

Mercredi 5	h	Jeudi 6
	9	
RV M. Joly	10	
RV Dr Lazorte	11	
Restaurant La Nivelle	12	
	13	Formation à
	14	l'hôpital
RV Banque	15	
	16	
	17	
	18	

Vendredi 7	h	Samedi 8
	9	
	10	
RV M. Schlek	11	
	12	
	13	
	14	
	15	
	16	
Pot départ Nicolas	17	
	18	

Lundi 10	h	Mardi 11
	9	
Réunion hebdomadaire	10	Réunion Marpa
	11	
	12	
	13	Restaurant Le Sud
RV Mme Lizon	14	
	15	
	16	
	17	
	18	

Mercredi 12	h	Jeudi 13
	9	
	10	
RV Dr Lazorte	11	
	12	
	13	
	14	Réunion nouvelles
	15	activités
	16	
	17	
	18	

Vendredi 14	h	Samedi 15
	9	
	10	
RV M. Pouzet	11	
	12	
	13	
	14	
	15	
	16	
	17	
	18	

Document 4 Planning de présence des personnels concernés par l'animation

NOMS	Du 3 au 9													
	Matin							Après-midi						
	L	M	M	J	V	S	D	L	M	M	J	V	S	D
FRANÇOIS	■	■	■	■	■					■	■	■	■	■
KARINE		■	■	■	■	■		■	■	■	■	■		
MARINE			■	■	■	■	■			■	■	■	■	■
MATTHIEU	■	■	■	■	■			■	■		■	■		■
MAÏA	■	■			■	■	■	■	■	■	■		■	
PAULINE		■	■	■		■	■	■	■	■		■	■	
SARA	■	■		■	■	■	■	■	■		■	■	■	■
SYLVAIN	■			■	■	■	■	■			■	■	■	■

NOMS	Du 10 au 16													
	Matin							Après midi						
	L	M	M	J	V	S	D	L	M	M	J	V	S	D
FRANÇOIS	■	■	■	■	■			■	■	■	■	■		
KARINE		■	■	■	■	■			■	■	■	■	■	
MARINE			■	■	■	■	■			■	■	■	■	■
MATTHIEU	■	■	■	■	■			■	■	■	■	■		
MAÏA	■	■			■	■	■	■	■			■	■	■
PAULINE		■	■	■		■	■			■	■	■	■	■
SARA	■	■	■	■	■	■	■	■	■	■	■	■		
SYLVAIN	■			■	■	■	■	■	■	■	■	■		

3 **Indiquez la demi-journée durant laquelle tous les personnels concernés sont présents pour participer à la réunion sur les techniques d'animation.**

....

Document 5 Courriel de M. Bernard

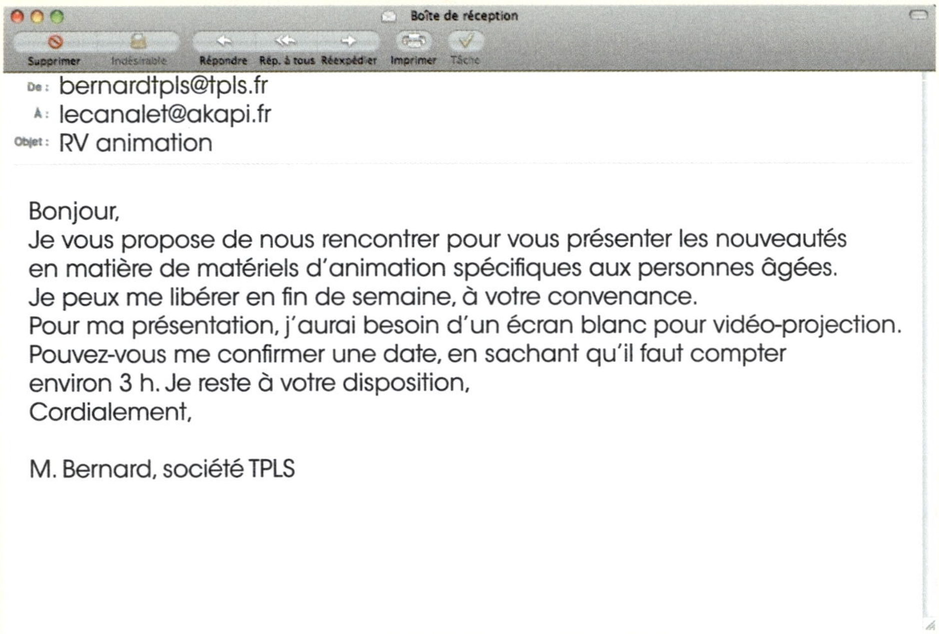

Boîte de réception

Supprimer Indésirable Répondre Rép. à tous Réexpédier Imprimer Tâche

De : bernardtpls@tpls.fr
À : lecanalet@akapi.fr
Objet : RV animation

Bonjour,
Je vous propose de nous rencontrer pour vous présenter les nouveautés en matière de matériels d'animation spécifiques aux personnes âgées.
Je peux me libérer en fin de semaine, à votre convenance.
Pour ma présentation, j'aurai besoin d'un écran blanc pour vidéo-projection.
Pouvez-vous me confirmer une date, en sachant qu'il faut compter environ 3 h. Je reste à votre disposition,
Cordialement,

M. Bernard, société TPLS

4 **Planifiez la réunion sur l'agenda de Mme Marsso (document 3).**

5 **Confirmez par mail à M. Bernard, la date et l'heure de la réunion.**

Écrire un message.

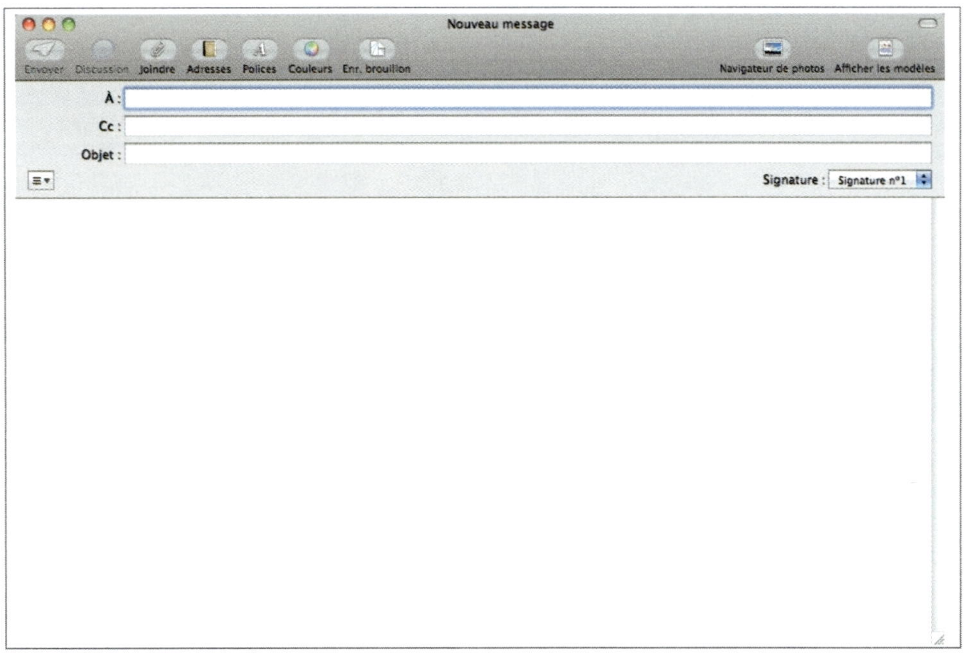

Document 6 Les différents types de notes

Une note de service est la brève communication d'un ordre au sein d'un service ou d'un établissement.
La note d'information permet la communication d'une information.
La note de synthèse, réalisée à partir de plusieurs documents, expose de façon synthétique un sujet donné.
Chacune de ces notes concerne un seul sujet et émane du supérieur hiérarchique.

Mme S Marsso Responsable Le Canalet	Destinataires : Tous les personnels Le 10 septembre 2015

NOTE DE SERVICE n° 103

Objet : utilisation d'un défibrillateur
L'ensemble du personnel est sollicité pour participer à la formation concernant l'utilisation d'un défibrillateur

Le 12 octobre 2015
de 14 h à 15 h
en salle de réunion

La présence de chacun est indispensable.
Merci de votre compréhension.

S. Marsso

6 Choisissez et rédigez le type de note à adresser au personnel intervenant en animation sur la réunion du 14 novembre. S'aider du document 6.

....	....
....	....

....

....

....

....

....

....

....

....

....

....

....

....

....

Document 7 Des documents indispensables en réunion

La feuille de présence (ou d'émargement) se présente sous forme de tableau sur lequel on retrouve le nom des participants (dans l'ordre alphabétique) et leur signature. Elle est à faire circuler au début de la réunion. Elle mentionne également en titre, l'objet et la date de la réunion.

Le chevalet permet l'identification de chaque participant.

Document 8 Fichier du personnel

NOM	PRÉNOM	ADRESSE	MAIL
CASTERA	Karine	3 av. de la république 47000 AGEN – 05.99.23.65.84	casterak@lecanalet.fr
CHAVANEL	François	Les Pitchous 47140 PENNE – 05.99.23.32.57	chavanelf@lecanalet.fr
EL FARES	Maïa	2 rue coquelicot 47600 NERAC – 05.99.66.38.71	elfaresm@lecanalet.fr
GALIBIER	Sylvain	46 bd de la paix 47000 AGEN – 05.99.55.89.87	galibiers@lecanalet.fr
HAGGEN	Matthieu	Au petit Sissou 47300 PUJOLS – 05.99.24.25.11	haggenm@lecanalet.fr
MARSSO	Sara	457 av Leclerc 47000 AGEN – 05.99.87.85.11	marsso@lecanalet.fr
PRAMARTINO	Marine	25 place Blanche 47000 AGEN – 05.99.20.15.50	pramartinom@lecanalet.fr
SESTRIERES	Pauline	Estebe 47480 PONT DU CASSE – 05.99.86.35.45	sestrieresp@lecanalet.fr

7 Préparez la feuille d'émargement de la réunion et les chevalets personnalisés.

8 Indiquez l'intérêt des différents documents en complétant le tableau suivant.

Documents	Objectifs/Intérêts
Note de service	
Feuille de présence	
Chevalet	

Document 9 Le télécopieur

L'émetteur introduit dans le télécopieur une ou plusieurs feuilles de papier, l'appareil numérise le message et l'envoie par ligne téléphonique (avec un numéro spécifique) à un appareil récepteur qui transforme les signaux en message visuel. Son atout majeur est sa rapidité : le message est transmis instantanément au destinataire. De plus, il permet une conservation de la trace écrite. Ce message est nommé télécopie ou fax.

Télécopie du docteur Lazorte

Télécopie

À :	Sara Marsso	De :	Dr Lazorte
Télécopie :	05.99.99.47.00	Télécopie :	05.99.55.36.47
Téléphone :	05.99.99.47.47	Téléphone :	05.99.55.36.46

Date :	le 5/11
Objet :	Réunion matériels d'animation

Madame Marsso,

Lors de ma visite ce matin, vous m'avez averti d'une prochaine réunion sur les nouveaux matériels d'animation par la société TPLS. Je serais intéressé par cette présentation. Pourrais-je me joindre à votre équipe si votre organisation le permet ?

J'attends votre réponse par fax dans les meilleurs délais. Je vous en remercie par avance.
Sincères salutations,
Michel Lazorte

9 Répondez au docteur Lazorte par télécopie.

Télécopie

À :	....	De :	....
Télécopie :	....	Télécopie :	....
Téléphone :	....	Téléphone :	....

Date :	....
Objet :	....

....

....

....

....

....

....

Document 10 Le jour de la réunion

Vous êtes chargé d'accueillir les participants et de les placer dans la salle. Vous avez listé les tâches à effectuer.

1. Juste avant la réunion :
- S'assurer que la salle est prête
- S'assurer que le matériel est prêt
- S'assurer que les documents sont prêts
- Contrôler le bon fonctionnement des différents appareils
- Vérifier la convivialité de la salle (propreté, éclairage, décors…)
- Placer les chevalets
- Préparer l'accueil (vestiaire, personnel…)

2. Pendant la réunion
- Distribuer l'ordre du jour et documents si nécessaire
- Faire signer la feuille de présence
- Assurer la prise de note

Avant de placer les chevalets, vous avez établi, avec l'aide de Mme Marsso, un tableau de renseignements pour attribuer au mieux les places.

Intervenants	Indications	Motif placement	N°
BERNARD	Animateur doit accéder à l'écran	Accès à l'écran	1
CASTERA			2
CHAVANEL			3
EL FARES			4
GALIBIER	Risque d'être en retard	Près de la porte	5
HAGGEN	A des problèmes d'audition	Non loin de l'animateur	6
LAZORTE	Docteur extérieur à l'établissement	Risque de partir à tout moment	7
MARSSO	Préside la réunion	Peut être sollicitée à l'extérieur	8
PRAMARTINO			9
SESTRIERES			10
STAGIAIRE	Prend les notes pour le compte rendu	Près de l'animateur	11

10 Présentez la disposition choisie pour placer les participants en reportant le numéro attribué à chacun.

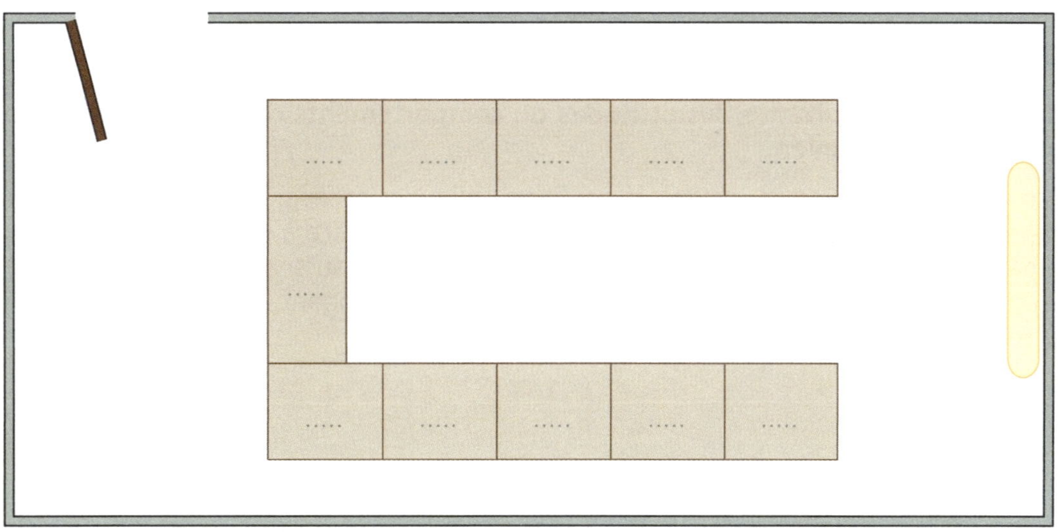

ACTIVITÉ 2 : L'animation de la réunion

Document 11 Animer une réunion

Pour faire passer son message, l'animateur de réunion utilise plusieurs outils :
La question : elle peut être fermée : oui/non ou réponse chiffrée (ex. quel âge a-t-il ? Serez-vous présent ?) ou bien ouverte : choix multiple ou dialogue (ex. que pensez-vous de… ?)
La reformulation (ou feed back) : Il s'agit de la répétition en utilisant d'autres mots. Elle permet de vérifier la compréhension de l'information donnée (ex. en d'autres termes, vous voulez dire que… ?), de clarifier une prise de parole confuse (ex. : si j'ai bien compris, vous souhaitez dire que… ?), de dévoiler un comportement non verbal (ex. : Michel, vous secouez la tête… Vous n'êtes pas d'accord ?)
Les dispositifs visuels : Ils ont pour fonction de mémoriser l'information, de canaliser l'attention. Les principaux outils sont :
- le tableau papier (paper board) ou le tableau blanc : plan, mots clés, informations, résultats du brainstorming (ou remue - méninges), conclusions…
- les transparents (rétroprojecteur) ou diaporama (vidéo projecteur) : utile pour la présentation de tableaux, graphiques, schémas…
- les documents papiers : à distribuer avant la réunion afin que les participants aient pu en prendre connaissance et ne perdent pas de temps à la lecture pendant la réunion.

L'animateur est le pilote de la réunion : il guide le groupe vers des objectifs prévus. Il ne doit pas monopoliser la parole et imposer ses points de vue mais organiser la discussion, proposer des solutions, gérer les individus et leurs différences.

1 Citez les outils utilisés par l'animateur pour faire passer son message.

....

2 Indiquez pour chacune des questions proposées, s'il s'agit d'une question ouverte ou fermée.

Questions	Ouvertes	Fermées
Combien d'usagers participent aux activités ?	....	....
Quelles sont les activités les plus appréciées ?	....	....
Connaissez-vous les élastiques de gymnastique ?	....	....
Quelles sont vos attentes concernant le matériel d'animation ?	....	....

3 Listez les dispositifs visuels que va utiliser M. Bernard lors de sa réunion.

....

4 Surlignez dans le document 11 les rôles d'un animateur.

5 Barrez dans la liste suivante, les attitudes ou comportements de l'animateur à proscrire lors de la conduite d'une réunion.

Être à l'écoute, imposer son avis, obtenir la confiance, stimuler et favoriser la participation, critiquer ce qui est dit, encourager les initiatives, avoir de l'assurance, réagir face à des situations imprévues, laisser les participants gérer eux même les conflits, prendre la parole aussi souvent que possible, souriant, tonique, serein, hilarant, convivial, organisé, méfiant, efficace, arrogant, confus, silencieux, rassembleur, amorphe, réactif.

Document 12 Conseils pour réussir sa réunion

La réunion doit être la plus participative et interactive possible :
- Accueillez les participants et laissez-leur le temps de s'installer.
- Commencez sans tarder.
- Respectez l'ordre du jour.
- Maîtrisez le temps.
- Limitez/Contrôlez la discussion.
- Suscitez la participation.
- Aidez à la résolution des conflits.
- Clarifiez les actions à mener.
- Résumez les résultats.

Au début de la réunion :
- Présentez-vous et faites se présenter les participants.
- Faire signer la feuille de présence.
- Rappelez les objectifs: l'ordre du jour, l'horaire prévu.
- Choisissez un secrétaire de séance.

Pendant la réunion :
- Pour chaque point de l'ordre du jour, inscrivez les informations disponibles au tableau.
- Sollicitez les échanges entre participants et l'écoute.
- Calmez les bavards et stimulez les silencieux.
- Faites qu'on s'attaque aux problèmes, pas aux personnes.
- Tolérez les silences, les pauses.
- Faites respecter l'ordre du jour.
- Soyez à l'écoute de l'ensemble du groupe.
- Faites des synthèses intermédiaires.
- Surveillez régulièrement le temps passé et le temps disponible.
- Vérifiez que l'analyse de la situation est suffisante avant de conclure.

À la fin de la réunion :
- Faites la synthèse des décisions prises (qui fait quoi, quand, comment…)
- Ne levez pas la séance sans une conclusion.
- Remerciez les participants.
- Terminez la réunion à l'heure.

6 Complétez le tableau ci-dessous, en indiquant à quel moment l'action se déroule lors d'une réunion.

Actions	Au début	Pendant	À la fin
Surveiller le temps disponible	....	....	....
Faire signer la feuille d'émargement	....	....	....
Solliciter les échanges	....	....	....
Se présenter	....	....	....
Inscrire les idées principales au tableau	....	....	....
Choisir un secrétaire de séance	....	....	....
Faire des synthèses	....	....	....
Fixer les décisions prises	....	....	....
Rappeler l'ordre du jour	....	....	....

Activité 3 : Le compte rendu d'une réunion

Document 13 Le compte rendu

Un compte rendu est un document interne à l'entreprise.
À la fin de chaque réunion, il est établi et permet de faire un résumé du contenu de la réunion. Il doit être clair, complet, rédigé dans un ordre logique et réduit à l'essentiel. Le style est bref et précis. Son contenu est objectif et neutre. Il restitue les faits et ne prend pas position. Il n'existe pas de norme de présentation, mais il doit être structuré et aéré.
Il comporte : le nom et la fonction du rédacteur, la date et le lieu, l'objet ou titre (compte rendu de…), le nom des personnes présentes, absentes, excusées, l'ordre du jour, les questions diverses, l'heure de début et de fin de la réunion. Il doit être paraphé par la secrétaire de séance et la responsable. Il peut également annoncer la date de la prochaine réunion. Le compte rendu est rédigé à partir de la prise de note effectuée par le secrétaire de séance. Après relecture et signature, le compte rendu est adressé à tous les participants à la réunion.

Résidence Le Canalet
Compte-rendu de la réunion hebdomadaire

Étaient présents : Mmes Castera, El Fares, Marsso, Pramartino, Sestrières et MM. Chavanel, Galibier.

Ordre du jour :
- la visite du Conseiller Général
- la décoration de la salle d'animations
- la sortie au cabaret « Lou Calel »
- questions diverses

Visite du Conseiller Général
Mme Marsso fait le point sur la visite du Conseiller Général cet après-midi, tout est prêt. Elle rappelle qu'elle sera indisponible de 15 h à 18 h. Elle rappelle que le vin d'honneur se prendra dans la salle à manger, en compagnie des résidents et du personnel à 17 h 15.
M. Galibier demande qui va gérer les appels et la réception des personnes.
Mme Marsso précise que Mme Castéra prendra les communications et recevra les visiteurs éventuels.

Décoration de la salle d'animations
Mme Pramartino rappelle que la salle d'animation manque de décoration. Elle souhaite proposer aux résidents volontaires de réaliser des tableaux de leur choix (peintures, collages, dessins) qui seront accrochés aux murs.
La suggestion est approuvée à l'unanimité. Mme Marsso la charge d'organiser cette activité.

Sortie au cabaret « Lou Calel »
Mme Marsso annonce que pour fêter l'arrivée des beaux jours, elle prévoit l'organisation d'une sortie au cabaret « Lou Calel ». Elle informe les participants que ce projet est inédit dans la résidence.
La suggestion est approuvée à l'unanimité. Mme Marsso demande à Mmes Sestrières et El Fares de monter le dossier et de budgétiser cette sortie pour la fin du mois prochain.

Prochaine réunion : lundi 10… A 9 h.

Le secrétaire de séance — La responsable, Mme Marsso

1 **Surlignez les caractéristiques d'un compte rendu.**

2 **Indiquez les éléments manquants dans le compte rendu du document 13.**

....

....

....

....

3 Présentez les intérêts de l'ordre du jour dans une réunion.

....

....

....

4 Formalisez une maquette utilisable pour la rédaction de vos comptes rendus.

5 Indiquez les modes de diffusion possible du compte-rendu de la réunion TPLS et les personnes destinataires de ce compte rendu.

....

....

Fiche ressource

Organiser une réunion

Objectifs :

- Collecter les informations.
- Convoquer les participants.
- Préparer la salle de réunion.

Matériels :

- Planigramme, agendas.
- Ordinateur et traitement de texte.
- Bloc notes, stylos.
- Paper board, tableau, feutres.
- Rétroprojecteur, vidéoprojecteur, écran blanc.

Déroulement :

S'informer

S'informer de l'ordre du jour (sujet traité pendant la réunion).
S'informer de la qualité des participants (personnes concernées par la réunion).
S'informer des dates possibles, de la durée et du lieu envisagé (dans les locaux ou à l'extérieur).
Prévoir la documentation et le matériel nécessaire.

Préparer

Fixer la date (à l'aide des planigrammes ou agendas).
Réserver la salle (si nécessaire) et prévoir son aménagement.
Convoquer les participants (par lettre, mail ou note de service).
Préparer la feuille de présence.
Préparer les documents à distribuer.
Préparer les chevalets avec les noms et qualité des participants (si nécessaire).
Prévoir l'organisation (temps de pause, collations).
Prévoir le personnel nécessaire (accueil, secrétaire…).

Réaliser

Faire signer les feuilles de présence.
Distribuer l'ordre du jour et le déroulement de la réunion si nécessaire.
Présenter les objectifs de la réunion.
Assurer la prise de notes.

Ranger

Ranger et réorganiser l'espace.
S'assurer que les participants n'ont rien oublié.

Transmettre

Rédiger le compte rendu.
Adresser le compte rendu à chaque participant.

Évaluer

Faire le point avec son supérieur.

Conduite d'un projet d'accompagnement

Objectifs

Présenter les modalités de l'épreuve E13.

Maîtriser et respecter les limites de connaissances exigées.

Concevoir et conduire un projet d'accompagnement.

Les différentes modalités de l'épreuve E13

Coefficient 4

Finalité de la sous-épreuve

Elle permet d'évaluer les compétences mises en œuvre lors de la conception, la conduite et l'évaluation d'un projet d'accompagnement. Ce projet ou cette activité peut être conduit auprès de différents publics : enfants, personnes en situation de handicap, personnes âgées.

Contenus

Elle porte sur tout ou partie des compétences suivantes de l'option pour laquelle s'est inscrit le candidat :

Compétences	À domicile	En structure
C 1.2 Communiquer avec l'équipe, les autres professionnels, les services, les partenaires		
C 1.2.3 Rédiger, mettre en forme et diffuser un document professionnel	x	x
C 1.2.4 Assurer une veille des documents professionnels	x	x
C 3.2 Élaborer le projet individualisé, le projet de vie	x	x
C 3.4 Concevoir et mettre en œuvre des activités d'acquisition ou de maintien de l'autonomie et de la vie sociale		
C 3.4.1 Choisir une ou des activités pour une personne, un groupe	x	x
C 3.4.2 Favoriser l'accès aux apprentissages du jeune handicapé dans le cadre de son accompagnement		x
C 3.4.5 Conduire et évaluer une activité individuelle (vie quotidienne, activité motrice, d'éveil, de maintien de l'autonomie, de loisirs)	x	x

La sous-épreuve s'appuie sur l'ensemble des savoirs associés nécessaires à l'élaboration et la conduite d'un projet d'accompagnement et plus particulièrement sur ceux de :

Sciences médico-sociales
2.2 Le projet individualisé, projet de vie, projet personnalisé, projet d'accompagnement
2.8 La relation personne aidante – personne aidée
3.2 La communication écrite

Techniques professionnelles et technologie associée – Animation – Éducation à la santé
1.1 Apprentissages et handicap pour l'option « En structure »
1.2 Conduites d'activités pour une personne

Évaluation

La sous-épreuve doit permettre de vérifier que le candidat est capable :
- d'identifier et d'analyser les besoins et attentes de la personne ;
- de présenter et justifier le projet d'accompagnement élaboré ;

- de décrire des actions d'accompagnement dans les actes de la vie quotidienne et/ou des activités de maintien de la vie relationnelle et sociale en adéquation avec les besoins répertoriés et en lien avec le secteur professionnel concerné ;
- de se placer dans une posture professionnelle, dans le respect de ses limites de compétences.

Cette sous-épreuve prend appui sur un dossier élaboré par le candidat au cours d'une période de formation en milieu professionnel d'une durée minimale de 4 semaines, effectuée en année de terminale ou lors d'une activité professionnelle.

La PFMP est effectuée obligatoirement dans des services ou structures représentatifs de l'option présentée :
- service d'aide à domicile pour l'option « à domicile » ;
- établissements de santé, structures sociales ou médico-sociales, école élémentaire, structure d'accompagnement du jeune en situation de handicap pour l'option « en structure ».

Le dossier, entre 15 et 20 pages, annexes non comprises, présente :
- succinctement le contexte professionnel ;
- la personne concernée par le projet d'accompagnement, dans le respect de la confidentialité ;
- l'analyse de ses besoins, de ses attentes ;
- le projet d'accompagnement proposé ;
- les actions retenues et leur justification dans le cadre de ce projet ;
- les modalités de formalisation du projet ;
- l'évaluation éventuelle des mesures mises en place.

Le dossier est obligatoirement accompagné de l'attestation de la période de formation en milieu professionnel correspondante et de la fiche d'appréciation ou des documents attestant de l'activité professionnelle.

Formes de l'évaluation

➤ **Ponctuelle :** épreuve orale. Durée : 45 minutes

L'épreuve s'organise en deux temps :
- la présentation du dossier par le candidat (15 minutes maximum) ;
- un entretien avec les membres de la commission d'évaluation (30 minutes). Au cours de cet entretien, le candidat est amené à justifier et à approfondir les éléments présentés dans le dossier. L'entretien permet également de vérifier la maîtrise des savoirs associés en lien avec la situation décrite.

Les commissions d'évaluation sont constituées de deux membres, un professeur de la spécialité et un professionnel dans toute la mesure du possible.

Le dossier que le candidat produit est déposé à une date fixée par le recteur. Ce dossier est lu en amont de l'épreuve par au moins un des membres du jury. En l'absence du dossier produit par le candidat, celui-ci ne peut être interrogé et la note « 0 » est attribuée à cette sous-épreuve.

➤ **Contrôle en cours de formation**

Candidats scolaires issus d'établissements publics ou privés sous contrat et apprentis de CFA habilités

Le contrôle en cours de formation s'appuie sur une situation d'évaluation en centre de formation.

Cette situation porte sur la présentation du dossier rédigé par le candidat, suivie d'un entretien conduit par le professeur d'enseignement professionnel concerné et par un professionnel dans toute la mesure du possible. Le déroulement de cette situation correspond à celui de l'épreuve ponctuelle.

Le contrôle en cours de formation est organisé sous la responsabilité du chef d'établissement et l'évaluation s'appuie sur des critères mentionnés sur un document élaboré à partir du référentiel et validé par l'IEN de la spécialité (Sciences Biologiques, Sciences Sociales Appliquées).

Extrait du Référentiel du Baccalauréat Professionnel Accompagnement, Soins et Services à la Personne. Arrêté du 11 mai 2011.

Analyser le contenu de l'épreuve E13 en complétant le tableau

Qui fait Quoi ?	....
Où ?	....
Quand ?	....
Auprès de qui ?	....
Comment ?	....
Pourquoi ?	....

Savoirs associés pour E13

Techniques professionnelles et technologie associée – Animation – Éducation à la santé	
1.2 Conduite d'activités pour une personne ou un groupe	Indiquer des jeux ou des activités de loisirs adaptés pour différents âges et différents degrés d'autonomie Pour chaque activité, présenter et justifier : – les objectifs, les intérêts pour le public concerné, les matériels et produits nécessaires, les techniques de réalisation si nécessaire, l'organisation retenue (temps, espace) – caractériser les différents produits et matériaux – justifier les conditions d'utilisation et les précautions d'emploi des produits – présenter les intérêts des différents matériels utilisés en animation, expliciter leurs conditions d'utilisation

Sciences médico-sociales	
2.2 Le projet individualisé, projet de vie, projet personnalisé, projet d'accompagnement	
2.2.1 Différents types de projet	Définir les différents projets Préciser le contexte professionnel et réglementaire des différents projets
2.2.2 Construction du projet	Préciser la place de la personne et de son entourage dans la construction du projet À partir d'exemples, caractériser les différentes étapes d'élaboration d'un projet Présenter les différents acteurs impliqués dans la construction du projet Citer des exemples de freins à la mise en place d'un projet
2.8 La relation personne aidante – personne aidée	
	À partir d'exemples : - identifier les acteurs en présence (personne aidée, famille, service d'aide à domicile, intervenants à domicile) - différencier la relation fonctionnelle du lien hiérarchique À partir d'exemples (retour à domicile, fin de vie, accompagnement de jeunes handicapés...), caractériser la notion d'accompagnement À partir d'exemples, repérer les réactions de défense et l'adaptation possible de la personne aidée, de la personne aidante (rejet, agressivité, coopération, dépendance, maternage, acceptation...)
3. Communication professionnelle et interprofessionnelle	
3.2 La communication écrite	Selon le contexte professionnel : - identifier les situations impliquant un écrit - repérer les objectifs de la communication écrite et les destinataires - présenter les caractéristiques des productions écrites (courrier, courrier administratif, compte rendu, rapport, bilan, note de synthèse, carnet de bord, relevé de conclusions, fiches techniques...) et justifier leur utilisation À partir d'exemples, indiquer les caractéristiques des formulaires, imprimés, questionnaires, grilles d'observation utilisés dans le secteur sanitaire et social et justifier leur utilisation ; indiquer l'intérêt de supports informatisés, télécopie, courriel, réseaux Identifier les critères d'efficacité d'une communication écrite
Cadre juridique de la communication écrite	Préciser les aspects réglementaires concernant la diffusion des informations sur la personne Indiquer les précautions à prendre pour l'enregistrement ou l'archivage, la diffusion des documents écrits, du dossier médical (traçabilité...)

Extrait du Référentiel du Baccalauréat Professionnel Accompagnement, Soins et Services à la Personne. Arrêté du 11 mai 2011.

Démarche conseillée pour l'élaboration du dossier

Introduction :

- Se présenter : nom, prénom, âge, diplôme préparé.
- La PFMP : le lieu, sa durée, le secteur d'activité dans lequel vous exercez.

1. Présentation du contexte professionnel

- Présenter le service d'aide à domicile et l'équipe professionnelle.
- Indiquer les missions de ce service.
- Présenter le public accueilli et ses caractéristiques.

2. Présentation de la personne concernée par le projet d'accompagnement

- Identité du bénéficiaire et situation familiale.
- Présentation physique et psychologique, habitudes de vie.
- Situation médicale : pathologies de l'usager, définitions + conséquences physiques, psychiques et sociales pour la personne, conséquences pour l'entourage.
- Degré d'autonomie du patient : présenter le degré d'autonomie physique, psychique, sociale, juridique de l'usager. Si classification AGGIR : préciser le groupe GIR, si invalidité ou allocation adulte handicapé : le %...
- Analyse des besoins fondamentaux (sous forme de tableau) : ne pas oublier de justifier les besoins satisfaits et perturbés dans ces colonnes.

Besoins fondamentaux	Satisfaits	Perturbés	Pathologies Manifestations de dépendance

- Présentez les attentes de la personne accompagnée.
- Rôles des différents intervenants auprès de cet usager.

3. Projet d'accompagnement

- Justifier le choix de votre projet et des actions retenues au regard de la personne accompagnée et indiquer les objectifs des activités pour ce bénéficiaire.

4. Les actions

Accompagnement dans les actes de la vie quotidienne			
Attentes et/ou besoins perturbés et/ou manifestations de dépendance	Actions proposées	Description de l'action	Évaluation et réajustement
Accompagnement dans les activités de maintien de la vie relationnelle et sociale			
Attentes et/ou besoins perturbés et/ou manifestations de dépendance	Actions proposées	Description de l'action	Évaluation et réajustement

- Indiquez les éventuelles difficultés rencontrées (difficultés relatives à la motivation de l'usager, aux familles, à l'habitat, au matériel).

Conclusion

Présenter un bilan du projet : bénéfices pour l'usager, atteinte des objectifs, possibilités qui peuvent être envisagées pour améliorer cette activité et/ou ces activités, votre ressenti.

Annexes : Toutes les annexes sont numérotées et exploitées.

Conseils pour l'entretien

Le contenu

- Préparez quelques notes succinctes servant de support en structurant vos idées avec des titres et des sous-titres, sans paraphraser le dossier. Tout doit tenir sur un recto de page.
- Présentez le plan de votre exposé.
- Utilisez éventuellement des supports visuels (rétroprojection, vidéo projection, photocopie...).
- Parlez lentement, sans lire vos notes en utilisant un vocabulaire technique et scientifique maîtrisé.
- Ayez un langage clair, précis, vivant et mobilisateur :
  - faites plutôt des phrases courtes, ne comportant qu'une seule idée ;
  - si vous faites des parenthèses, introduisez-les (« je souhaite apporter une précision... »), sans oublier de les fermer (« Je reprends la présentation... (physique de Mme H par exemple)... ») ;
  - pour mobiliser votre auditoire, employez un vocabulaire riche, imagé en partant de situations concrètes, d'anecdotes.
- Respectez le temps imparti.

La voix

- Veillez à articuler et à adapter l'intensité de la voix au volume de l'espace et à la disposition de vos auditeurs.
- Variez votre ton de voix (éviter le ton monocorde propice à l'ennui).
- Faites aussi la chasse à l'abus d'interjections (« Euh, Ben, Hein... ») et aux tics verbaux (« Alors », « Disons », « D'accord », ...).

La posture et les gestes

- Tenez-vous correctement assis ou debout.
- Utilisez les gestes de la main pour accentuer le message verbal mais évitez les mouvements intempestifs (balancements, se gratter, se toucher le nez...).

Le visage

- Adoptez un visage expressif, ouvert qui traduit des émotions et des sentiments.
- Montrez votre désir de communiquer avec les autres : il n'est pas interdit de sourire...

Le regard

- Regardez alternativement vos auditeurs.
- Ayez un regard vif qui invite à établir la communication.

Entraînez-vous : il est essentiel de s'exercer à haute voix et de minuter son exposé avec un public (les parents, amis peuvent être mis à contribution...), ou devant son miroir et/ou de s'enregistrer.

Accompagnement des actes de la vie quotidienne au domicile

Objectifs

Présenter les modalités de l'épreuve E31.
Maîtriser et respecter les limites de compétences exigées.
Mettre en œuvre des compétences dans l'accompagnement des actes de la vie quotidienne au domicile.

Les différentes modalités de l'épreuve E31

Coefficient 4

Finalité de la sous-épreuve

Elle permet d'évaluer les compétences mises en œuvre dans l'accompagnement des actes de la vie quotidienne au domicile.

Contenus

Elle permet d'évaluer tout ou partie des compétences suivantes :

C 1.1 Accueillir, communiquer avec la personne, sa famille, son entourage.

C 1.2 Communiquer avec l'équipe, les autres professionnels, les services, les partenaires.

C 2.1 Organiser le travail en équipe professionnelle.

C 2.2 Participer à la formation et à l'encadrement de stagiaires - Accueillir de nouveaux agents, des bénévoles.

C 2.3 Participer au contrôle et à la gestion de la qualité (sauf C 2.3.5).

C 2.4 Gérer les stocks et les matériels.

C 3.1 Assurer l'hygiène de l'environnement de la personne.

C 3.3 Réaliser les activités liées à l'hygiène, au confort de la personne et à la sécurisation.

C 3.5 Surveiller l'état de santé de la personne et intervenir en conséquence.

C 3.6 Concevoir et préparer des collations, des repas équilibrés conformes à un régime et aider à la prise des repas.

La sous-épreuve s'appuie sur l'ensemble des savoirs associés nécessaires aux services aux usagers, aux soins d'hygiène et de confort, et plus particulièrement ceux relatifs aux :

Techniques professionnelles et technologie associée - Services à l'usager

Techniques professionnelles et technologie associée - Ergonomie - Soins

Forme de l'évaluation

➤ Contrôle en cours de formation

Candidats scolaires issus d'établissements publics ou privés sous contrat et apprentis de CFA habilités.

Cette période, d'une durée d'au moins quatre semaines, a lieu en fin de classe de première ou au cours de la classe de terminale.

L'évaluation est réalisée par le tuteur sur l'ensemble de la période de formation en milieu professionnel, elle porte sur des activités :

- d'aide aux soins d'hygiène et de confort auprès d'une personne adulte ; de mobilisation et/ou d'installation de la personne ;
- de conception, de préparation et service de repas et de collations ;
- de maintien de l'hygiène de l'environnement de la personne (locaux, matériel et équipements, linge).

Ces activités doivent permettre d'évaluer les compétences d'organisation, de communication et de gestion de la qualité.

Préparation à la sous-épreuve E31

L'évaluation s'appuie sur des critères mentionnés sur un document élaboré à partir du référentiel et validé par l'IEN de la spécialité (Sciences Biologiques, Sciences Sociales Appliquées).

La proposition de note de l'évaluation en milieu professionnel est établie conjointement par le tuteur et un professeur ou formateur d'enseignement professionnel.

Extrait du Référentiel du Baccalauréat Professionnel Accompagnement, Soins et Services à la Personne. Arrêté du 11 mai 2011.

Analyser le contenu de l'épreuve E31 en complétant le tableau.

Qui fait Quoi ?	....
Où ?	....
Quand ?	....
Auprès de qui ?	....
Comment ?	....
Pourquoi ?	....

Compétences évaluées pour E31

Compétences	Indicateurs d'évaluation
C 1.1 Accueillir, communiquer avec la personne, sa famille, son entourage	
C 1.1.1 Organiser les conditions matérielles de l'accueil	Prise en compte des ressources et contraintes liées à la personne, à l'environnement professionnel – Organisation des conditions d'accueil respectant la confidentialité, la convivialité, le confort, et la sécurité de la personne et de son entourage
C 1.1.2 Créer une situation d'échange, favoriser le dialogue, l'expression de la personne, la coopération de la famille et de l'entourage	Respect des règles déontologiques – Adaptation de la tenue et de l'attitude Qualité de l'écoute – Qualité de l'expression – Qualité du questionnement – Qualité de la reformulation si nécessaire
C 1.1.3 Analyser la demande	Identification de la demande – Pertinence du questionnement Détermination des priorités, de l'urgence
C 1.1.4 Adapter sa réponse aux différentes situations dont situations de conflit et d'urgence	Prise en compte de l'attitude et des comportements de la personne – Langage et comportement adaptés à la situation et au public – Pertinence et rapidité de la réponse – Satisfaction de la personne
C 1.1.5 Orienter les personnes vers les professionnels, les services, les partenaires compétents	Identification des services ou partenaires – Prise en compte des missions des différents services ou partenaires – Pertinence de l'orientation dans la limite de ses compétences
C 1.2 Communiquer avec l'équipe, les autres professionnels, les services, les partenaires	
C 1.2.1 Recueillir, sélectionner et ordonner les informations	Recueil d'informations récentes et diversifiées Vérification de la fiabilité des sources d'information Utilisation des TIC – Pertinence de la sélection des données – Accessibilité des informations ordonnées Cohérence de l'organisation des données
C 1.2.5 Transmettre les informations pour assurer la continuité de l'accompagnement	Complétude des dossiers – Exactitude, exhaustivité et objectivité des données à transmettre – Conformité avec les protocoles de transmission en vigueur
C 1.2.8 Intervenir en tant que représentant du service lors de réunions	Respect du positionnement professionnel Respect du mandat donné par la structure
C 2.1 Organiser le travail en équipe professionnelle	
C 2.1.2 Planifier ses activités de travail	Organisation respectant la priorité des activités (besoins des personnes, contraintes horaires, du service…)
C 2.2 Participer à la formation et à l'encadrement de stagiaires – Accueillir de nouveaux agents, des bénévoles	
C 2.2.1 Présenter le service, les personnels, leur fonction	Clarté et précision de la présentation
C 2.2.2 Présenter les documents utilisés dans le service (protocoles, procédures, fiches de postes…)	
C 2.2.3 Montrer et justifier les modalités de réalisation des techniques professionnelles	Démonstration des gestes professionnels prenant en compte le niveau de compétences du personnel

C 2.3 Participer au contrôle et à la gestion de la qualité	
C 2.3.1 Repérer les personnels et instances chargées de la gestion et du contrôle qualité	Identification correcte des instances et des personnels
C 2.3.2 Participer à l'élaboration ou à l'amélioration d'outils ou documents qualité	Propositions d'éléments de procédures ou protocoles conformes aux normes en vigueur Vérification de l'efficacité de la proposition
C 2.3.3 Participer à la mise en œuvre d'une démarche qualité	Signalement des anomalies et dysfonctionnements repérés – Fiches de contrôles tenues à jour et exploitables – Analyse d'enquêtes – Contrôle du travail effectué – Proposition de mesures correctives conformes à la démarche qualité
C 2.3.4 Participer à la mise en œuvre d'une démarche de prévention des risques professionnels	Identification du danger – Analyse des risques professionnels – Proposition de moyens de prévention adaptés – Formulation de propositions d'amélioration
C 2.4 Gérer les stocks et les matériels	
C 2.4.1 Évaluer les besoins en produits et matériels.	Suivi correct de l'état des stocks – Estimation réaliste des volumes et de la rotation des stocks – Signalement des anomalies
C 3.1 Assurer l'hygiène de l'environnement de la personne	
C 3.1.1 Mettre en œuvre des techniques de nettoyage.	Maîtrise des techniques : – respect des règles d'hygiène, de sécurité, d'économie et d'ergonomie – utilisation rationnelle des différents matériels et produits – respect de protocoles – qualité du résultat
C 3.1.3 Mettre en œuvre des techniques d'entretien du linge.	Maîtrise des techniques : – de tri du linge en fonction des salissures et du procédé de lavage – de lavage (main ou machine) – de repassage et pliage du linge en fonction de la demande Adaptation simple d'un vêtement à une perte d'autonomie ou au handicap – Réfection courante du linge (boutons, ourlet) – Respect des souhaits et habitudes de la personne – Qualité du résultat
C 3.1.4 Surveiller et maintenir l'état de fonctionnement du lit, des aides techniques, surveiller l'état de fonctionnement des dispositifs médicaux.	Régularité de la surveillance de l'état des différents matériels Respect des règles, de sécurité et d'ergonomie – Signalement rapide des anomalies repérées à un opérateur qualifié – Matériel en état de fonctionnement – Respect des procédures de maintenance
C 3.3 Réaliser les activités liées à l'hygiène, au confort de la personne et à la sécurisation	
C 3.3.1 Aider à la réalisation de soins d'hygiène corporelle de l'adulte.	Organisation en adéquation avec l'environnement – Prise en compte des besoins et priorités, démarche de soin – Respect des capacités et de l'autonomie de la personne
C 3.3.3 Réaliser la toilette de l'enfant : – effectuer un change – effectuer une toilette partielle : mains, visage – effectuer une toilette complète, un bain et un shampoing	Mise en œuvre justifiée des gestes techniques conformément : – aux règles d'hygiène, de sécurité, d'économie et d'ergonomie – à la pudeur et au confort de la personne Comportement relationnel adapté – Contrôle des paramètres de confort – Qualité du résultat – Prise en compte de la prévention des infections liées aux soins – Respect des protocoles – Transmission des actions accomplies et des observations

C 3.3.4 Aider à l'habillage et au déshabillage.	Attitude éducative et stimulante – Intervention dans le respect des capacités, de l'autonomie de la personne. – Respect de la pudeur – Respect de la culture, des souhaits de la personne
C 3.3.5.1 Assurer la réfection d'un lit inoccupé.	Choix du linge – Respect des règles de l'hygiène, de confort et d'ergonomie et de sécurité – Respect de la pudeur – Respect des capacités, des désirs et des habitudes de vie – Comportement relationnel
C 3.3.6 Installer ou aider à mobiliser une personne pour le repos, les déplacements, des activités...	Prise en compte des possibilités physiques et psychologiques, du degré d'autonomie et des souhaits de la personne – Mise en place d'un environnement favorable à l'activité, au repos (confort, sécurité, ambiance thermique, sonore, lumineuse) – Formulation claire des consignes à l'usager – Attitude stimulante, sécurisante – Choix, adaptation à la personne et utilisation des aides techniques à bon escient – Respect de l'ergonomie et de la sécurité
C 3.5 Surveiller l'état de santé de la personne et intervenir en conséquence	
C 3.5.1 Observer le comportement relationnel et social, les attitudes de la personne	Repérage des changements du comportement ou des attitudes
C 3.5.2 Identifier les signes de détresse, de douleur et les anomalies	Surveillance des signes cliniques (vomissements, couleur et aspect de la peau...) Identification des signes de détresse et anomalies Alerte des professionnels concernés
C 3.5.4 Aider à la prise de médicaments	Aide à la prise de médicament Vérification de la prise de médicament dans le respect de la législation en vigueur Vérification de la prise de médicament conformément à la prescription médicale
C 3.5.5 Évaluer le caractère urgent d'une situation, agir en conséquence	Installation de la personne adaptée à la situation Modalités de signalement en adéquation avec les pratiques du service ou de l'établissement
C 3.6 Préparer des collations, distribuer des repas équilibrés conformes à un régime et aider à la prise des repas	
C 3.6.1 Concevoir des repas : – aider à l'élaboration ou élaborer un menu équilibré – réaliser des achats alimentaires en conséquence	Menu proposé équilibré et conforme au régime de la personne Prise en compte des goûts, des potentialités et des habitudes socioculturelles de la personne, des aliments à disposition – Justification des choix Respect du budget alloué et du rapport qualité/prix

C 3.6.2 Aider à la réalisation ou réaliser : – des techniques de préparation des aliments : épluchage, lavage, découpage, hachage, mixage – des techniques de cuisson : dans un liquide, à la vapeur, au four, en sauté, en rôti – un appareil, une sauce, une crème – des préparations à base de pâte brisée, sablée, levée et pâte à crêpes Préparer des biberons Utiliser des produits prêts à l'emploi, des produits surgelés... Utiliser les restes alimentaires Réaliser un repas pour un nombre donné de personnes pour une consommation immédiate, différée	Maîtrise des techniques Prise en compte des goûts, des potentialités, des habitudes socioculturelles de la personne et du régime prescrit Respect des grammages Conditionnements adaptés pour la conservation – Respect des règles d'hygiène, d'hygiène alimentaire d'économie et de sécurité Respect du temps imparti Résultat conforme aux critères organoleptiques Présentation soignée adaptée à la personne
C 3.6.3 Préparer des collations	
C 3.6.4 Distribuer des collations ou des repas	Remise ou maintien en température selon les normes en vigueur – Vérification du respect des régimes – Distribution dans des conditions optimales – Prise en compte des possibilités de la personne – Respect des règles d'hygiène et de sécurité – Distribution de boissons en prévention d'une déshydratation
C 3.6.6 Aider à la prise des repas	Installation confortable et sécurisée Respect de la température Aide dans le respect de l'autonomie, les potentialités de la personne Respect du rythme de la personne Transmission des observations concernant la prise de repas
C 3.6.7 Conserver des aliments, des préparations culinaires	Rangement rationnel, choix judicieux et entretien régulier des zones Respect des règles d'hygiène Pour le conditionnement et le stockage : respect des températures et durées de conservation

Extrait du Référentiel du Baccalauréat Professionnel Accompagnement, Soins et Services à la Personne. Arrêté du 11 mai 2011.

Réussir sa PFMP et son épreuve E31

Se présenter à sa PFMP

Votre tenue vestimentaire et votre attitude sont déterminantes.

Favorable

À proscrire

Les attitudes professionnelles

- **Téléphoner sur son lieu de PFMP une semaine avant le début de stage pour les informer de votre arrivée et éventuellement convenir d'un rendez-vous pour l'organisation de votre PFMP :** planning, tenue...
- **La ponctualité et l'assiduité :** avertir la structure de tout retard ou absence immédiatement.
- **La tenue professionnelle :** propre, repassée et changée selon le protocole du service, cheveux attachés, ongles courts et propres, pas de bijoux, pas de chewing-gum.
  Votre hygiène personnelle doit être irréprochable.
- **Le comportement :** être souriant, aimable, à l'écoute, poli et courtois : « Bonjour Monsieur ou Madame, pas de tutoiement, pas de nom familier... » à l'égard des professionnels et des usagers.
- **Le vocabulaire utilisé :** pas de langage familier ou grossier au sein de la structure.
- **Les règles et protocoles d'hygiène :** respecter ce qui est en vigueur dans la structure, ne pas oublier de procéder à l'hygiène des mains aussi souvent que les situations l'imposent.
- **Le secret professionnel et la discrétion professionnelle :** vous y êtes soumis en tant que stagiaire.
- **La prise d'initiatives :** est attendue et souhaitable sous réserve d'obtenir toujours l'accord du tuteur ou du supérieur hiérarchique.
- **Le questionnement :** oser demander des renseignements et des informations concernant les usagers, le fonctionnement du service... afin d'assurer une prise en charge optimale des usagers, de comprendre « le pourquoi et le comment » de ce que vous devez faire.

Déroulement du stage

La première semaine :

- **Présenter votre dossier de suivi et faire le point avec votre tuteur** afin de lister les activités envisagées durant la PFMP : rappeler les activités devant être évaluées.
- **Repérer les fonctions des différents professionnels intervenant** : ne pas hésiter à les questionner.
- **Observer l'organisation du travail et proposer régulièrement votre aide pour des tâches simples** : entretien des logements, débarrasser la table, faire les lits, aider à l'habillage, à l'installation des bénéficiaires...
- **Faire un point en milieu ou en fin de semaine avec le tuteur afin de planifier des activités pour l'évaluation E31.**

Les semaines suivantes :

- En accord avec votre tuteur et conformément aux attentes de l'évaluation, vous mettrez en œuvre des activités :
  - d'aide aux soins d'hygiène et de confort auprès d'adultes ;
  - de mobilisation et/ou d'installation de la personne ;
  - de conception, de préparation et service de repas ;
  - de maintien de l'hygiène de l'environnement de la personne (locaux, matériel et équipements, linge).
- Vos compétences d'organisation, de communication et de gestion de la qualité seront évaluées lors de la mise en œuvre de vos activités.
- Les critères de qualité : sécurité, hygiène, confort, communication, ergonomie et économie doivent être impérativement respectés lors des activités.

Les bilans :

Un ou des bilans doivent être programmés régulièrement avec votre tuteur ou les autres professionnels afin de réajuster, améliorer vos pratiques et permettre votre progression.

N'hésitez pas à exprimer vos difficultés, vos interrogations.

À la fin de votre PFMP

Remercier l'ensemble du personnel et le président ou le directeur du service d'aide à la personne pour leur accueil, leur encadrement, le temps qu'ils vous ont consacré... et verbaliser positivement tous les savoir faire, savoir être appris lors de cette PFMP.

Préparation à la sous-épreuve E31

Activités pour E31 réalisées lors de ma PFMP

Activités		S1*	S 2*	S 3*	S 4*
Soins d'hygiène et de confort auprès d'adultes et Techniques de manutention	Aider à la toilette partielle (aide au lavabo, toilette du visage...).				
	Aider à la douche, au bain.				
	Réaliser un pédiluve.				
	Aider au change de protection et à la toilette génito-anale.				
	Aider à l'habillage et au déshabillage.				
	Réaliser la réfection d'un lit inoccupé.				
	Aider au lever et au coucher.				
	Aider aux déplacements.				
	Installer une personne pour le repos, les activités, les repas...				
Surveillance de l'état de santé	Repérer des changements du comportement ou des attitudes.				
	Surveiller des signes cliniques (vomissements, état cutané...).				
	Identifier des signes de détresse, des anomalies, de la douleur.				
	Aider à la prise de médicaments, vérifier la prise selon la prescription médicale.				
	Évaluer le caractère urgent d'une situation et agir en conséquence.				
Conception, préparation et service de repas et de collations	Aider à l'élaboration ou élaborer des menus équilibrés et conformes au régime prescrit de la personne et réaliser les achats alimentaires nécessaires.				
	Aider à la réalisation ou réaliser des repas.				
	Préparer des collations.				
	Distribuer des collations ou des repas.				
	Aider à la prise des repas avec installation confortable et sécurisée, respect de l'autonomie et des potentialités de la personne.				
	Conserver des aliments et des préparations culinaires dans le respect de l'hygiène, du conditionnement, des températures, des durées de conservation.				
Maintien de l'hygiène de l'environnement de la personne	Mettre en œuvre des techniques de nettoyage.				
	Trier et laver le linge selon les salissures et les procédés de lavage.				
	Repasser et plier le linge.				
	Réaliser quelques travaux de couture (boutons, ourlet).				
	Surveiller et maintenir l'état de fonctionnement du lit, des aides techniques, surveiller l'état de fonctionnement des dispositifs médicaux.				

* S = semaine

Cette grille est un outil indispensable lors de votre PFMP afin de n'omettre aucune des activités attendues pour E31, cochez au fil des semaines les activités réalisées.

Pour évaluer votre progression, vous pouvez valider l'activité en indiquant dans la case correspondante : RB pour activité réalisée en binôme – RS pour activité réalisée seul(e).

Organisation d'intervention à domicile

Objectifs

Présenter les modalités de l'épreuve E32.

Maîtriser et respecter les limites de connaissances exigées.

Organiser des interventions à domicile.

Préparer et animer une réunion.

Gérer les documents de la vie quotidienne.

Les différentes modalités de l'épreuve E32

Coefficient 2

Finalité de la sous-épreuve

Elle permet d'évaluer les compétences mises en œuvre lors de l'organisation des interventions à domicile, de la préparation et animation d'une réunion et lors d'une intervention à domicile (gestion des documents de la vie quotidienne).

Contenus

Elle permet d'évaluer tout ou partie des compétences suivantes :

C 1.2 Communiquer avec l'équipe, les autres professionnels, les services, les partenaires
C 1.2.2 Choisir et utiliser l'outil de communication
C 1.2.6 Préparer une réunion de travail
C 1.2.7 Animer une réunion de travail
C 2.1 Organiser le travail en équipe professionnelle
C 2.1.1 S'inscrire dans une équipe pluri professionnelle
C 2.1.3 Établir le planning de travail et des activités des membres d'une équipe
C 2.1.4 Participer à l'évaluation des personnels
C 2.1.5 Identifier les besoins de formation des personnels d'une équipe
C 3.8 Gérer des documents de la vie quotidienne
C 3.8.1 Renseigner les documents administratifs courants
C 3.8.2 Proposer différentes modalités de classement des documents de la vie quotidienne
C 3.8.3 Aider à l'élaboration d'échéanciers
C 3.8.4 Assurer le suivi des démarches engagées

La sous-épreuve s'appuie sur l'ensemble des savoirs associés nécessaires à l'organisation d'une intervention à domicile et plus particulièrement sur ceux de :

Sciences médico-sociales
2.3 Les services à domicile
2.4 Les notions de droit
2.7 Le travail en équipe, la gestion d'équipe, le tutorat
3 Communication professionnelle et interprofessionnelle

Techniques professionnelles et technologie associée – Animation – Éducation à la santé
2. Animation de réunions de travail

Techniques professionnelles et technologie associée – Services à l'usager
3.3 Gestion des documents

Préparation à la sous-épreuve E32

Forme de l'évaluation

➤ Ponctuelle : orale. Durée : 2 heures

Préparation : 1 h 30

Exposé et entretien : 30 minutes

À partir d'une situation empruntée au secteur de l'aide à domicile, précisant le contexte professionnel (nombre et caractéristiques des personnes à aider, caractéristiques des membres de l'équipe à gérer, activités à réaliser...), le candidat doit :

Dans le cadre de la gestion d'une équipe restreinte :
- organiser l'intervention des membres de l'équipe et justifier ses choix ;
- organiser une réunion sur un thème donné et en lien avec la situation.

Dans le cadre d'une intervention à domicile :
- gérer des documents de la vie quotidienne pour cette personne (élaboration d'échéancier, suivi des démarches...)

L'entretien permet également de vérifier la maîtrise des savoirs associés en lien avec la situation décrite.

La commission d'évaluation est composée de deux membres, un enseignant de la spécialité et d'un professionnel dans toute la mesure du possible.

➤ Contrôle en cours de formation

Candidats scolaires issus d'établissements publics ou privés sous contrat et apprentis de CFA habilités

Le contrôle en cours de formation s'appuie sur une situation d'évaluation en centre de formation, au cours de l'année de terminale.

Cette situation est construite sur le modèle de l'épreuve ponctuelle et donne lieu à une présentation orale et un entretien conduit par le professeur d'enseignement professionnel concerné et par un professionnel dans toute la mesure du possible. Le déroulement de cette situation correspond à celui de l'épreuve ponctuelle.

Le contrôle en cours de formation est organisé sous la responsabilité du chef d'établissement et l'évaluation s'appuie sur des critères mentionnés sur un document élaboré à partir du référentiel et validé par l'IEN de la spécialité (Sciences Biologiques, Sciences Sociales Appliquées).

Extrait du Référentiel du Baccalauréat Professionnel Accompagnement, Soins et Services à la Personne. Arrêté du 11 mai 2011.

Analyser le contenu de l'épreuve E32 en complétant le tableau.

Qui fait Quoi ?	....
Où ?	....
Quand ?	....

Comment ?	....
Pourquoi ?	....

Savoirs associés

Sciences médico-sociales	
2 – Méthodologie d'intervention	
2.3 Services à domicile	
2.3.1 Différents interlocuteurs et instances du maintien à domicile	Énoncer les différentes missions des interlocuteurs et instances du maintien à domicile : centre communal d'action sociale, conseil général, services sociaux, caisse nationale d'assurance vieillesse, associations, maison départementale des personnes handicapées, centre local d'information et de coordination...
2.3.2 Professionnels du maintien à domicile : médecin, infirmier, aide soignant, ergothérapeute, kinésithérapeute, aide ménagère, aide à domicile, auxiliaire de vie sociale, aide médico psychologique, technicien d'intervention sociale et familiale	Énoncer le rôle de ces professionnels Préciser les rôles et la formation des auxiliaires de vie sociale, des aides ménagères
2.3.3 Services de soins infirmiers à domicile, l'hospitalisation à domicile	Caractériser les structures dispensant une aide médicale : mission, bénéficiaires, fonctionnement et financement
2.3.4 Services d'aide à domicile	Différencier service prestataire et service mandataire Énoncer les conditions d'autorisation, d'agrément de ces différents services, énumérer les différentes certifications ou labels, chartes de ce secteur
2.3.5 Financement des services à domicile	Énumérer les différentes aides financières favorisant le maintien à domicile (crédit d'impôt, avantages fiscaux...) Définir le chèque emploi service universel et ses conditions d'utilisation
2.3.6 Aidants familiaux	Présenter les structures offrant un répit aux aidants familiaux Citer les bénéficiaires et les caractéristiques du congé de soutien familial, du congé de solidarité familiale

2.3.7 Méthodologie d'intervention de l'aide à domicile	À partir de situations données et dans le cadre d'un projet de maintien à domicile, d'un plan d'aide, identifier les éléments de la démarche d'intervention à domicile : – observation et analyse des informations, – identification des besoins et attentes, exprimés ou non, – établissement d'un bilan de situation et définition de priorités en fonction des besoins et des ressources des personnes, – proposition de solutions et planification de la mise en œuvre des actions en lien avec le projet de vie et les autres intervenants
2.4 Notions de droit	
2.4.1 Contrat de travail	À partir d'un contrat de travail du secteur professionnel, identifier les éléments de ce contrat et de leurs conséquences Énoncer les différentes formes de rupture du contrat de travail À partir de documents, présenter les modalités de licenciement et de son indemnisation
2.4.2 Durée du travail, congés	Énoncer la durée légale du travail, les différents types de congés dont congé maternité, paternité...
2.4.3 Salaire	Énoncer des modalités de fixation et de paiement des salaires dans le cadre de la profession
2.4.4 Formation tout au long de la vie dans le secteur sanitaire et social	Repérer les différents dispositifs existants : droit individuel à la formation, congé individuel de formation, plan de formation de l'entreprise, validation d'acquis d'expérience, bilan de compétences... Préciser leurs objectifs et les principales conditions de leur mise en œuvre
2.4.5 Convention collective	À partir de conventions collectives du secteur professionnel, énoncer leurs rôles et leurs effets.
2.7 Travail en équipe – Gestion d'équipe – Tutorat	
2.7.1 Travail en équipe	Pour un contexte professionnel donné, ou à partir d'organigramme, de fiches de poste : énoncer les missions et limites de compétences des professionnels d'une équipe, situer la place de chacun dans la structure et préciser les liens hiérarchique et fonctionnel Justifier les intérêts d'un travail en équipe Caractériser les conditions indispensables pour un travail en équipe Développer les différents outils de communication utilisés dans une équipe de travail
2.7.2 Gestion d'équipe	Différencier les diverses formes de plannings d'activités ou de travail et leurs intérêts respectifs Énoncer les moyens facilitant la communication au sein d'une équipe Préciser les moyens de valorisation des membres de l'équipe Indiquer les moyens de régulation dans la gestion d'une équipe (coordination, intégration des nouveaux personnels, gestion des tensions...) Présenter les outils et le cadre réglementaire d'un entretien professionnel en vue de l'évaluation du personnel
2.7.3 Tutorat des stagiaires	Énoncer les rôles du tuteur auprès du stagiaire. Indiquer les documents nécessaires au suivi et à l'évaluation du stagiaire.
2.7.4 Accompagnement des nouveaux agents, des bénévoles	Définir la notion de bénévolat Préciser les positionnements possibles d'un bénévole au sein d'un service ou d'une structure
3 – Communication professionnelle et interprofessionnelle	
3. 1 Formes, rôles et contexte de la communication Formes, situations, fonctions, facteurs de la communication	Selon le contexte professionnel : – analyser la variété des situations de communication (prise en compte, signes verbaux, non verbaux) – identifier la diversité des formes de communication (écrite, orale, visuelle) – expliciter les fonctions de la communication (entre les personnes, entre les structures...) – repérer les facteurs qui influencent la communication entre les personnes (facteurs favorisants, freins)

3.2 Communication écrite	Selon le contexte professionnel : – identifier les situations impliquant un écrit – repérer les objectifs de la communication écrite et les destinataires – présenter les caractéristiques des productions écrites (courrier, courrier administratif, compte rendu, rapport, bilan, note de synthèse, carnet de bord, relevé de conclusions, fiches techniques…) et justifier leur utilisation À partir d'exemples : – indiquer les caractéristiques des formulaires, imprimés, questionnaires, grilles d'observation utilisés dans le secteur sanitaire et social et justifier leur utilisation – indiquer l'intérêt de supports informatisés, télécopie, courriel, réseaux… Identifier les critères d'efficacité d'une communication écrite
Cadre juridique de la communication écrite	Préciser les aspects réglementaires concernant la diffusion des informations sur la personne Indiquer les précautions à prendre pour l'enregistrement ou l'archivage, la diffusion des documents écrits, du dossier médical (traçabilité…)
3.3 Communication visuelle	Selon le contexte professionnel : – justifier l'intérêt des supports visuels en fonction de l'objectif visé, des publics concernés (signalétique, pictogrammes, affiches, dépliants, panneaux d'exposition…) – présenter les caractéristiques des productions visuelles – identifier les critères d'efficacité d'une communication visuelle – coder et décoder des supports de communication visuelle y compris supports informatisés, publipostage, PAO
3.4 Communication orale	Selon le contexte professionnel : – repérer les principes de la communication orale – analyser et justifier les méthodes et les moyens utilisés dans une situation d'accueil direct, dans un accueil téléphonique, dans la transmission orale d'informations à des usagers, à des pairs, à la hiérarchie – identifier les critères d'une communication orale efficace – proposer des attitudes adaptées face à une situation de communication orale difficile
Techniques professionnelles et technologie associée – Animation – Éducation à la santé	
2 – Animation de réunion de travail	
	Expliciter les différentes phases de mise en place d'une réunion Énoncer les différents types de réunion et justifier le choix d'un de ces types selon l'objectif retenu Présenter les fonctions, attitudes et qualités de l'animateur d'une réunion Justifier le mode d'animation Indiquer les intérêts des différents documents ou outils utilisés lors d'une réunion : convocation, liste d'émargement, compte rendu, relevé de conclusions… Justifier le choix de ces documents et de leur mode de diffusion
Techniques professionnelles et technologie associée – Services à l'usager	
3 – Gestion et organisation familiale	
3.3 Gestion des documents administratifs courants et factures, échéanciers	Lister les documents spécifiques utiles pour une situation donnée Indiquer les caractéristiques des documents utilisés (valeur juridique, objectifs, modalités d'utilisation, transmission) Justifier l'échéancier établi et les démarches engagées
Techniques de classement	Présenter et justifier différentes techniques de classement Indiquer les délais à respecter et durées d'archivage pour ces documents

Extrait du Référentiel du Baccalauréat Professionnel Accompagnement, Soins et Services à la Personne. Arrêté du 11 mai 2011.

Préparation à la sous-épreuve E32

Démarche conseillée pour réussir son épreuve E32

Préparation 1 h 30

1. Lire l'intégralité du sujet

2. Prendre connaissance des questions

3. Analyser la situation d'évaluation

Identifier les informations relatives à la structure :
- Définition et statut juridique.
- Nombre et catégories d'employés et rôles.
- Nature des activités et rayon d'intervention pour chaque personnel.

Repérer les informations relatives aux bénéficiaires :
- Nombre de personnes aidées.
- Caractéristiques des bénéficiaires (pathologies, degré de dépendance, besoins…).
- Attentes des bénéficiaires et services demandés.
- Nature et cadre des prises en charge.
- Autres intervenants.
- Projet (s) (de vie, projet personnalisé, de soins…) existant (s) pour le ou les bénéficiaires.

4. Répondre aux questions

Questions relatives à l'organisation des interventions des professionnels de la structure
Établir un bilan de situation.
Définir des priorités en fonction des besoins et des ressources des personnes.
Proposer des solutions, choisir les personnels les plus adaptés à la situation.
Planifier les interventions dans le temps en tenant compte des autres intervenants et du ou des projets existants pour le ou les bénéficiaires.

Questions relatives à la préparation et à l'animation d'une réunion de travail
Choisir un type de réunion selon l'objectif et justifier son choix.
Expliciter les différentes phases de mise en place de la réunion.
Justifier le mode d'animation retenu.
Énumérer les différents documents ou outils utilisés au cours de la réunion, présenter leurs intérêts et le mode de diffusion choisi.

Questions relatives à la gestion des documents de la vie quotidienne au domicile
Lister les documents spécifiques utiles pour la situation donnée.
Indiquer les caractéristiques des documents utilisés (valeur juridique, objectifs, modalités d'utilisation, transmission).
Justifier l'échéancier établi et les démarches engagées.
Présenter et justifier différentes techniques de classement.
Indiquer les délais à respecter et durées d'archivage pour ces documents.

5. Préparer son intervention orale

- Reclasser ses documents par questions.
- Relire et surligner les points importants à aborder.

Compogravure : STDI

Achevé d'imprimer en mars 2015 par «La Tipografica Varese Srl» Varese - Italie
N° d'édition : 2015-0402 - Dépôt légal : mars 2015